青年视角下新时代基层中国研究丛书

史传林　杨正喜　丛书主编

城乡社会保障与减贫治理

张开云　徐　强　陈　然◎主编

中国农业出版社

北　京

党的十九大报告指出，经过长期努力，中国特色社会主义进入了新时代，这是我国发展新的历史方位。新时代的国家治理面临新的形势和新的任务。党的十九届四中全会提出要坚持和完善中国特色社会主义制度、推进国家治理体系和治理能力现代化。2021 年 4 月，中共中央、国务院印发了《关于加强基层治理体系和治理能力现代化建设的意见》，提出基层治理是国家治理的基石，统筹推进乡镇（街道）和城乡社区治理，是实现国家治理体系和治理能力现代化的基础工程。党的二十大对完善社会治理体系、健全城乡社区治理体系、推进基层治理提出了新的要求。在此背景下，加强新时代中国特色社会主义基层治理研究具有十分重要的理论意义和实践意义。

华南农业大学是国家"双一流"建设高校，是一所以农业农村研究见长的综合性大学。华南农业大学公共管理学院拥有公共管理和社会学两个一级学科，公共管理学科是广东省优势重点学科。学院设有行政管理、公共事业管理、土地资源管理、劳动与社会保障和社会工作 5 个本科专业，有 3 个国家级一流本科专业建设点和 1 个省级一流本科专业建设点。学院学科建设和人才培养的原则是入主流、强特色、聚焦乡村、聚焦基层。近年来，学院正在扎实推进公共管理新文科建设，推进公共管理学科与学校新农科、新工科融合发展，力求形成以农村公共管理为鲜明学科特色，以城乡公共治理为特色方向的完备学科体系，将学院建成华南地区研究农村公共管理和农村社会工作的高地。围绕学科发展特色，学院在人才培养方面采取了一系列举措，包括实施本科生导师制、设立本科生创业创新训练项目、举办城乡基层治理调研大赛、成立新文科试验班等，一大批学生因此脱颖而出，他们对基层治理、乡村治理产生了浓厚的兴趣。这些学生在老师的指导下深入基层、深入乡村开展调查研究，撰写调研报告和学术论文，产生了一批优秀的研究成果。这些成果是新时代青年对基层中国、乡村中国的观察和思考，虽然有些稚嫩，但学院还是决定将这些优秀的研究成果结集出版，并命名为"青年视角下新时代基层中国研究丛书"。这套丛书的出版是我们在人才培养和学科建设上的一次有益尝试，未来我们将继续选编出版学生的优秀研究成果。

本套丛书的内容比较丰富，涉及基层治理、乡村治理的众多主题，具体包括基层治理体系建设、基层治理体制机制和平台建设、基层智慧治理能力建设、基层政权治理能力建设、城乡社区群众自治制度建设、乡村"三治融合"的机制建设、基层政府公共服务能力建设、农村人居环境治理和美丽乡村建设、农村土地制度改革与社会治理、农村减贫治理和社会保障治理、乡村社会发展和乡村治理等内容。

本套丛书由六部专著组成，包括方敏副教授、方静之老师、黄剑飞老师主编的《基层治理与农村公共服务》，李灿副教授、王玉琳老师、曾桂香老师主编的《土地制度改革与乡村空间治理》，朱汉平副教授、张小娟副教授主编的《和美乡村治理》，张开云教授、徐强副教授、陈然副教授主编的《城乡社会保障与减贫治理》，罗天莹副教授、曾永辉老师主编的《群体社会工作与基层社会服务》，程启军副教授、曲霞副教授主编的《乡村社会变迁与治理》。

本套丛书的每一篇调研报告和论文都由学生撰写，尽管有老师的指导，但由于学生们的能力有限，其作品一定存在许多不足之处，希望各位读者提出批评并赐教。在写作过程中，学生们参考了大量的已经发表的专著、论文以及媒体的报道、权威部门发布的统计数据等文献资料，在此向这些文献的作者表示感谢！本套丛书的出版，得益于华南农业大学公共管理学院蔡茂华书记等领导的重视和支持，得益于学院各系的组织和参与，在此对学院领导、老师和同学表示感谢！最后，要感谢为本套丛书出版付出辛勤劳动的中国农业出版社的编辑们，他们的专业负责使本套丛书得以顺利出版。

史传林

二〇二三年十月五日于广州五山

2022 年 10 月 16 日，中国共产党第二十次全国代表大会在北京召开，习近平总书记代表第十九届中央委员会向大会作报告时，针对就业提出实施就业优先战略，强化就业优先政策，健全就业公共服务体系，加强困难群体就业兜底帮扶，消除影响平等就业的不合理限制和就业歧视，使人人都有通过勤奋劳动实现自身发展的机会；针对社会保障提出健全社会保障体系，健全覆盖全民、统筹城乡、公平统一、安全规范、可持续的多层次社会保障体系，扩大社会保险覆盖面；针对教育提出坚持教育优先发展，科技自立自强，人才引领驱动，强调加快建设教育强国、科技强国、人才强国，强调高等教育在中国式现代化建设全局中的基础性、战略性支撑地位。劳动与社会保障本科专业正是劳动力市场、社会保障与高等教育三者的结合点，可以说，这一专业在未来中国的现代化建设中必将发挥越来越重要的作用，其人才培养的重要性不言自明。

华南农业大学公共管理学院劳动与社会保障专业开设于 2007 年，是广东地区重点本科院校中唯一开设该专业的高校，在全国开设该专业的 140 多所高校中，排名稳定在前 10% 左右，这些年来培养的毕业生在省内各地市人力资源与社会保障部门和大型国企中的出色表现得到广泛认可。学生在四年的学习过程中，除了系统学习管理学、经济学、社会学和政治学基础知识外，重点在劳动与就业管理、各种类型的社会保障和社会保险基金管理等领域接受系统全面的理论教育，并在实践环节开展了专题调查、专业综合实习和毕业实习三个项目，从浅到深、由表及里进行全方位训练，同时每年还开展包括劳动与社会保障知识竞赛和模拟劳资集体协商竞赛等在内的丰富多彩的课外活动，人才培养质量不断提高，已有数名毕业生前往清华大学、中国人民大学等知名学府继续深造。

本科毕业论文是大学阶段最重要的综合训练成果。劳动与社会保障专业一直严把质量关，通过不断摸索，已经形成了结合毕业实习撰写毕业论文多环节全过程的管理规范，较好地完成了各项教学任务，达到了通过毕业论文全面提升学生综合能力的目的。

2018级劳动与社会保障专业学生在2022年5月已顺利完成论文答辩，本书集结的7篇论文是从该专业81篇毕业论文中择优选录而来。学生在撰写毕业论文的过程中，经查阅大量中英文文献，更为深入地掌握国家和各地区劳动与社会保障领域的发展现状，明确国内外研究前沿动态与行业发展前景，大大拓宽了自己的专业视野，进一步夯实了专业基础，同时深入基层一线进行广泛调研，接触和了解社会民生，收获了宝贵的一手资料。本书收录论文的选题涵盖了社会救助软件应用、农民工社会保障、省内不同地市的农村养老服务、医养结合养老服务、医保基金支出、新业态从业人员社会保障需求、农村留守儿童福利等多个领域，体现了学生紧贴社会实际尝试解决现实问题的情怀。虽然研究方法略显稚嫩，但每一篇论文都通过反复修改、打磨并得到了指导教师的认可，同时在评阅教师审核和答辩小组质询环节均取得了良好反响。

2018级本科生正是千禧年出生的一代人，也是第一批进入大学的"00后"。在他们的身上我们看到了无限的青春与活力，以"青春之我"创建"青春之国家、青春之民族"，中国的青春已经到来，而中国劳动与社会保障事业也将迎来更好的发展机遇，为国家高质量发展保驾护航。

张开云

2023年8月

目录

科技赋能社会救助服务发展问题研究

    ——以广州市"穗救易"为例 …………………… 李黄颜　赵梦媛（1）

广州市新生代农民工城市融入的社会保障制度

    支持研究 ………………………………… 黄妙星　徐　强（18）

汕头市下蔡村多元主体参与农村养老服务供给

    问题研究 ………………………………… 余晓玲　邓永超（39）

医养结合养老服务的模式及发展困境研究

    ——以东莞市为例 ……………………… 简美婷　马颖颖（55）

健康风险认知对灵活就业人员投保普惠型商业

    医疗保险意愿的研究分析

    ——以穗岁康为例 ……………………… 曹林溪　李韵婷（84）

广东省非大湾区城市城镇职工医疗保险基金

    支出压力研究 ………………………… 冯海琪　杨明旭（106）

广东省阳山县农村留守儿童社会福利政策执行

    问题研究…………………………………… 郑佩佩　张开云（164）

科技赋能社会救助服务发展问题研究

——以广州市"穗救易"为例

李黄颜　赵梦媛

1　绪论

1.1　研究背景和问题提出

随着科学技术的进步和发展，互联网、物联网、人工智能、大数据的出现和普及对推动社会的发展产生了深远的影响，使得各种行业、各种产业有机结合，各行各业的沟通更高效、联系更紧密。信息技术在政治、经济、文化和社会各领域不断渗透，科技在社会救助服务中的赋能作用越来越明显，传统的社会救助工作中相关手续办理不便、服务碎片化等问题因此有所缓解。习近平总书记在2018年召开的全国网络安全和信息化工作会议上强调："信息化为中华民族带来了千载难逢的机遇。"在推动我国社会救助服务体系完善和发展的过程中，也应该顺应时代的发展特点，牢牢把握住科技不断发展以及信息化的广泛运用这一机遇，充分发挥科技对我国社会救助服务的赋能作用，利用科技对社会救助服务进行创新，推进服务对象精准化，提高服务工作效率，使服务资源的利用率最大化。

现阶段，科技与社会救助相结合这一新型救助模式还处于发展阶段，科技对社会救助服务的赋能作用会受到多种因素的制约。对此，研究拓展科技赋能社会救助服务的发展路径，以促进我国社会救助服务的改革适应时代网络化、信息化的要求，对完善和发展我国社会救助制度体系有着重要的意义。

结合上述背景可提出以下研究问题：科技是如何应用到社会救助领域的？"互联网＋"在社会救助领域应用中会遇到哪些问题？如何解决这些问题以拓宽科技赋能社会救助服务的发展路径？本文以广州市"穗救易"为研究样本就以上问题进行逐一分析。

1.2　选题意义

习近平总书记说过："发展是第一要务，人才是第一资源，创新是第一动力。"科技赋能社会救助服务也是我国社会救助服务的一种创新方式，有利于提高社会救助服务管理的精细化程度和服务水平，有利于推进传统服务方式和智能化服务创新并行，实现应助尽助，提升社会保障治理效能。

如今在社会救助的工具性赋能方面，"互联网＋"与社会救助相结合这种模式已越发成熟，本文以广州市"穗救易"这一服务品牌为例，研究其如何借助互联网以及大数据、人脸识别等技术搭构线上线下相结合的工作平台，并对平台运行机理和成效进行分析，以探索科技赋能社会救助服务的发展路径，对推动我国社会救助服务体系的完善和发展具有一定的价值，其价值主要体现在理论意义和现实意义两个方面。

1.2.1 理论意义

科技在社会救助服务中的应用已经历了多年的理论和实践探索。在此过程中，可以发现社会救助的内容繁杂无序、救助程序不清晰、工作量大等问题在科技的渗透下得到一定缓解，然而科技对社会救助服务的赋能作用在改革实践过程中还是会受到种种因素的制约，导致其发挥的效能有限。

通过对相关文献资料进行整理，笔者发现很多学者在科技对社会救助服务的赋能领域大多围绕"互联网＋"，从社会学、经济学和信息学等多个学科对"互联网＋社会救助"进行了广泛研究，对"互联网＋"运用到社会救助服务中的必然性、存在的隐患、相关政策实施过程中的困难以及解决相关问题的对策等方面进行了分析与研究，但很多仅停留在宏观层面，并没有将互联网技术、人脸识别技术、大数据平台综合起来深入研究科技对社会救助服务的路径拓展功能。因此，本文以广州市"穗救易"服务品牌为例，研究其运作机理以及效果等，以期发现科技赋能社会救助服务过程中具体的制约因素，为发挥科技对社会救助服务的赋能作用提供新思路，有利于充实科技赋能社会救助的理论分析框架。

1.2.2 现实意义

本文以广州市"穗救易"服务品牌的运行机理以及所取得的成效等为主要的研究对象，依托广州市"穗救易"服务品牌在设立之后的实践经验和相关的文献资料，提出科技赋能社会救助服务的发展路径，对于探索在当前信息化背景下社会救助政策的实践创新具有一定的现实指导意义。由于社会救助的对象主要是社会中最需要帮助的那部分群体，因此社会救助服务体系的完善与否反映了一个社会的进步程度，反映了执政党的执政能力以及政府部门的工作能力，更反映了国家治理体系的完善程度。可以说，拓宽科技赋能社会救助服务的发展路径为完善我国社会救助服务体系提供了巨大的动力，有利于我国社会救助服务体系的转型升级，有利于促进我国国家治理体系的完善和发展。

1.3 研究思路

在信息化的时代背景下，我国社会救助服务体系的改革需要传统服务方式和智能化服务创新相结合。因此本文的研究思路为：在已有的对于科技赋能社会救助服务研究基础上，通过对广州市"穗救易"服务品牌的运作机理、取得成效等实践经验进行分析，为拓宽科技赋能社会救助服务的发展路径提出相关的建议和对策。

1.4 研究方法

1.4.1 文献研究法

通过收集国内关于科技赋能社会救助服务方面的文献资料，了解我国在科技赋能社会救助服务方面的研究状况，并对相关的文献进行对比分析。对于广州市"穗救易"服务品牌的研究方面，重点通过政府官方网站搜索整理相关政策资料，并结合现有理论进行分析。

1.4.2 案例研究法

根据研究的实际需要，选取了广州市的"穗救易"服务品牌，对其中科技赋能社会救助服务的机理、所取得的成效等基本情况进行分析。

1.5 技术路线（图1）

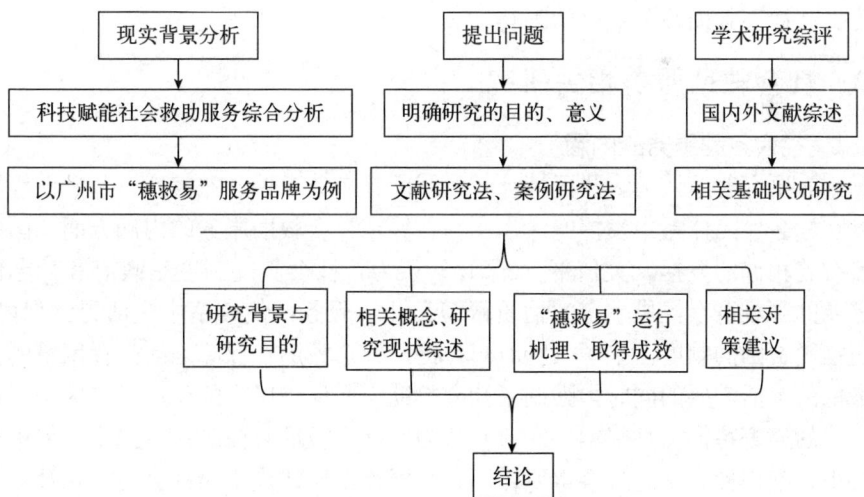

图1 技术路线

2 文献综述

2.1 "互联网＋社会救助"的概念内涵有关研究

国内学者在界定"互联网＋社会救助"的概念内涵时，主要是把互联网视为社会救助服务的技术支持以及推动社会救助工作现代化的载体，从互联网为社会救助服务提供便利、创新社会救助模式等方面进行阐述。

李月娥等（2019）基于社会救助模式创新的角度，认为"互联网＋社会救助"是借助互联网的优势，将互联网的创新成果和社会救助工作进行深度融合，并把互联网应用到社会救助工作的各个环节，促使线上与线下服务紧密结合，丰富社会救助形式，进而改变社会救助工作的传统思维，使社会救助服务管理水平得到提升。金红磊（2020）认为"互联网＋社会救助"主要是依托互联网低成本、网络化、互动灵活性强等优势创新社会救助服务方式，从而实现社会救助的多元化、社会化、精准化和高效化。

总的来说，现有研究认为，"互联网＋社会救助"是以互联网为基础信息技术设施，利用其低成本、高效率等优势，精准化识别社会救助对象，共享社会救助信息，提高社会救助服务的工作效率，使救助服务资源社会化，由此改变传统的社会救助模式，以推动社会救助工作现代化的模式。

尽管国外对于互联网技术的应用起步较早，发展较快，但对于"互联网＋社会救助"的讨论，国外学界主要聚焦在"电子政务"功能方面，仅把互联网作为提高社会救助服务效率的工具。

2.2 社会救助服务相关研究

2.2.1 社会救助服务的内涵

现有研究普遍认为，我国社会救助制度具有普惠性、兜底性、基础性等特征，在社会保障体系中发挥兜底作用。在界定社会救助服务的内涵方面，国内学者有着相似的概括：关信平（2021a）认为，社会救助制度是政府和社会向有需要的困难群众提供一定的物质帮助和社会服务，使其基本生活得到保障，从而摆脱贫困的制度。宗颖（2021）在提及社会救助在保障陷入生存困境的公民最低的生活需要的同时，强调了社会救助兜底保障民生的作用是其区别于社会保险的显著特征。林闽钢（2021）认为，社会救助对保障基本民生、促进社会公平、维护社会稳定具有重要作用，我国在全面建成小康社会之后，社会救助更是成为反贫困的主战场。郑功成（2015）把社会救助作为贫困治理的制度部分，强调社会救助在消除绝对贫困上具有重要作用，社会救助是保证兜牢脱贫攻坚之"底"的重要因素。姚建平（2021）从救助对象方面来阐述社会救助制度，提到我国社会救助是一个涵盖低保、特困、临时救助、医疗救助、教育救助、住房救助、就业救助、灾害救助和慈善救助在内的"八加一"制度体系，为特定人员提供最低社会保障。

总的来说，社会救助制度在我国社会保障制度体系中起着兜底作用，是保障民生的重要制度，有利于维护社会稳定、促进社会公平。

英国经济学家贝弗里奇（2015）认为，政府有为陷入生活困境的公民提供最低生活保障的救助责任，通过一系列社会政策救助弱势群体与困难家庭，保障其基本生活。国外学者对社会救助内涵的界定随着社会的发展也有了一定的延伸，除了要对特定人员进行物质救助以外，也提及了要关注救助对象精神方面的需求。Iris（1990）指出社会救助除了要对弱势群体提供物质上的福利以外，还需要让他们发挥自己的能力，在个人选择、道德判断上获得主动权，获得他人的尊重。Midgley（2011）认为社会在给予救助对象一些必要的支援和帮助之后，政府应该发展社会救助服务使救助对象得到自救。Ravallion（2012）认为社会救助制度是应对相对贫困的重要社会政策，对反贫困具有重要作用。Barrientos（2009）通过对南美洲诸多国家社会救助政策的分析，提出应该用对人的未来进行资本投资以及提升救助对象的能力的方法来代替直接维持其生存需求。Elwood（1988）认为就业就是长期的社会救助，不应该对救助对象直接提供现金，而是应该让他们通过劳动来获得报酬。

总的来说，国外的学者普遍认为社会救助不但要满足公民对最低物质生活的需要，也要关注受助者精神方面的需求。

2.2.2 社会救助服务政策在实践中存在的问题

社会救助制度作为社会保障体系的组成部分，有效地弥补了社会保险制度的不足，社会救助的模式也随着社会的进步不断发展，然而该政策在我国的实践过程中仍然存在着救助对象认定困难、基层管理服务薄弱、社会救助方式单一等问题。

关于救助对象认定困难方面，关信平（2021a）提到，我国在"十三五"时期加大对救助对象的精准认定力度之后，大幅度降低了错保情况的发生，但是漏保现象仍然突出。匡亚林（2021）认为，在实施社会救助时存在把不该享有社会救助的小部分群体纳入救助体系、无法识别救助对象更高层次的救助需求等问题。柳静虹（2021）认为，社会救助政策的制定层与执行层对社会救助主体对象以及政策目标存在认知偏差，而这些认知偏差增加了对于救助对象的认定难度。

在社会救助基层管理服务方面，关信平（2021a）认为，不少基层管理部门的工作人员数量不足，且严重缺乏专业人才，信息化建设不到位，救助管理服务手段落后，这些因素使得社会救助服务的基层管理服务基础薄弱。

在社会救助方式方面，徐晓雯等（2021）提到，我国社会救助所需要的资金、物质等资源主要依靠政府的供给，民间社会组织的参与力度不够、社会救助资源供给渠道的单一，使社会资源无法得到充分利用，并导致救助方式趋于单一化；关信平（2021b）认为，我国社会救助服务主要以现金救助为主，缺乏为被救助对象提供与其能力发展相关的社会救助服务的方式。为了更好地解决社会救助服务政策在落实中所产生的救助对象认定困难、基层管理服务薄弱、社会救助方式单一等问题，需要借助互联网等技术的科技赋能作用，利用大数据共享平台精准认定救助对象，促进基础管理部门的协同治理，丰富社会救助方式。

2.3 "互联网＋"在社会救助领域应用的有关研究

随着"互联网＋"概念的提出，"互联网＋"在社会救助领域中有了广阔的应用空间。张海滨（2021）以山东烟台市民政局建设的"智慧民政综合平台"为研究案例，阐述了该民政局利用科技打通数据通道、分类梳理数据资源目录、构建数据安全管理体系等成果，使社会救助数据体系更加完善。黄翔等（2018）以"e＋益"平台为例，阐述了公益事业借助互联网平台发展的优势，促进了公益事业的参与主体向多元化演变，扩展了公益信息的受众面，提高了公益传播的针对性和有效性。黄晨熹（2021）提到，慈善组织在利用互联网平台发布募捐信息的同时对其进行监管，可以防止诈捐骗捐。邢蕊（2020）以上海长宁区建设的"互联网＋救助系统"为例，阐述了长宁区利用互联网、大数据等技术对救助数据库进行梳理、对社会救助资源进行整合，使救助对象及其需求得到精准定位，促进救助资源合理利用的经验。冯元（2017）以广西河池救助管理站等多个机构发起QQ群、微信群协同救助平台为例，指出这本质上就是"互联网＋"与社会救助领域相结合的重要体现。Budiman E等（2021）提到，印度尼西亚政府以为学生免费提供互联网课程，促进在线学习的方式，为学生提供社会援助，把"互联网＋"作为一种"救助物质"，为救助对象提供有针对性的救助服务。

总的来说，"互联网＋"在社会救助领域中除了扮演着共享数据信息、促进各方沟通交流的载体角色外，在特殊情况下还可以作为一种救助资源，被当作一种"救助物质"满足受助者的特殊需求。

2.4 "互联网＋社会救助"模式实践难点的有关研究

"互联网＋社会救助"模式在促进政府、社会组织、慈善组织、志愿者协会等救助服务提供者协同提供救助服务的同时，也在实践中难以避免地要应对互联网技术在应用过程中区域发展不均衡、信息资源共享存在壁垒、信息安全难以保证等问题。

在互联网技术区域发展不均衡的研究方面，李月娥等（2019）提出，由于西部地区以及农村的互联网发展进程较为缓慢，电子政务建设方面较为落后，在使用互联网和其他技术产品收集、处理数据等方面的能力比较薄弱，制约了"互联网＋社会救助"模式的发展；金红磊（2020）提出，受互联网技术区域发展不均衡的影响，西部地区和农村等互联网基础设施建设滞后的地区在使用信息技术、享受信息服务、实现信息资源配置等方面处于劣势，难以精准匹配社会救助服务项目。

在对信息资源共享存在壁垒的研究方面，李月娥等（2019）认为在"互联网＋社会救助"模式实践过程中，缺乏统一的信息化建设和技术标准，信息交换标准不一致以及部门之间的博弈阻碍了信息资源的共享；金红磊（2020）指出，社会救助项目分散在不同的职能部门中，加大了信息共享和业务协同的难度，使信息孤岛、数据壁垒现象普遍存在；Latifa Alzahrani 等（2018）认为，电子政务在普及过程中忽视了公众的文化程度、生活习惯以及价值理念等问题，使得公众参与力度不够，政府与公众共享救助资源信息过程中存在壁垒；Erna Ruijer 等（2021）认为，政府通过互联网平台公开相关数据时通常以政府为中心，容易忽视公众的需求，从而阻碍了公众需求表达。

在"互联网＋社会救助"的信息安全研究方面，李月娥等（2019）指出，大量数据信息会随着信息共享程度的加深而暴露在网络中，尤其是申请者个人资料存在被泄露的风险；金红磊（2020）认为，对相关平台的信息安全保障仍然存在缺陷；杨臻煌（2018）指出公开救助对象的名单虽然有利于社会监督，但也增加了受助人信息被泄露的风险。

总的来说，"互联网＋社会救助"模式在实践中存在的互联网技术区域发展不均衡、信息资源共享存在壁垒、信息安全难以保证等问题制约着其深入发展，不利于完整发挥科技对社会救助服务的赋能作用，需要探索其拓展路径，以促进科技与社会救助相融合。

3 广州市"穗救易"运作机理及初步成效

2019 年 7 月《广州市"数字政府"改革建设工作推进方案》的提出，在推进"互联网＋政务服务"体系构建的同时，也为打造"穗救易"民生服务品牌（图 2）中"穗好办""粤政易"这两个服务终端的构建提供了政策基础。2020 年 3 月"穗好办"App 的上线，以及 2020 年 4 月"粤政易"平台的推出，在加快广州市数字政府构建的同时，也使救助系统与线上政务平台对接，利用电子授权与人脸识别等技术的优势，逐步开拓社会救助业务线上申请的路径，"穗救易"服务品牌的雏形得以形成。2021年2月，"暖心民政"模块在"穗好办"App上线，标志着"穗救易"服务品牌正式形成，构建了将物质、服务、技术相融合的广州社会救助新模式。2021年末，"穗救易"服务品牌入选民政部公布的"2021年度社会救助领域创新实践优秀案例"，表明这种社会救助新模式得到了肯定，其运作机理值得探究与学习。

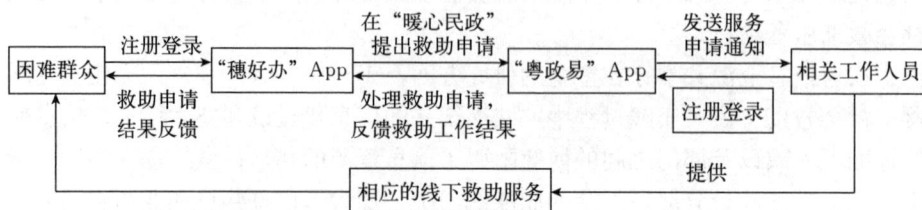

图2 "穗救易"民生服务品牌运作流程
资料来源：根据"穗救易"相关政策文件整理。

3.1 运作机理

在科技赋能背景下，政府部门利用大数据等信息平台逐步实现社会救助服务事项就近能办、异地可办，在为公众的日常工作生活带来便利的同时，也提高了政府的工作效率并实现服务精准供给。广州市"穗救易"服务品牌从政务数据协同共享化、相关救助业务在线化、救助服务供给精准化三个方面来促进社会救助服务体系的转型升级，提高社会救助服务的绩效。

3.1.1 政务数据协同共享化

在"穗救易"服务品牌形成之前，由于政府不同层级、不同部门的工作内容与权限不尽相同，导致独立救助管理系统中的信息难以与相关部门信息实现跨部门、跨区域共享。例如，困难群众在不同区域提交的救助申请信息会受到由于区域不同、部门职责不同等导致的限制，进而会出现相同信息要多次提交、救助申请表格要多次填写的情况，在消耗困难群众的时间与耐心的同时，也会降低救助服务的提供效率。此外，社会救助管理系统由民政部门负责，系统信息与不同的社会组织、志愿者服务组织所掌握的困难群众信息也存在着一定的差异，数据的不统一在导致受助者存在被重复帮、漏帮的隐患的同时，也会增加相关工作人员的工作量，导致救助资源的浪费。

为了解决政府、社会组织、受助者之间的数据相互割裂、数据信息流动渠道固化等信息孤岛问题，广州市民政局构建了"穗救易"这一救助服务指挥中枢，通过以大数据、物联网、区块链、人工智能等科技为基础支撑建立的困难群众兜底保障安全网系统，将广州市低保对象、低收入困难家庭对象、特困人员、留守老人、孤寡老人、困境儿童、特殊困难重度残疾人、独自一人居住老人这八类困难群众的近830万条数据汇总在一起，然后经过各级各部门责任网、社会组织网、志愿者服务网、家庭成员网、联系帮扶网、科技支撑网六个网络系统（即"六张网系统"）（陈伊纯等，2021），将关于困难群众的救助服务信息进行无障碍协同共享，实现跨层级、跨部门、跨区域办理救助申请业务的同时，促进政府部门、社会组织、志愿者等救助资源的合理配置。这种救助数据协同共享的形式，有效实现数据库间的相互联通，对解决信息孤岛问题具有重要意义，提升了社会救助服务工作的效率。

3.1.2 相关救助业务在线化

为了方便困难群众申请救助服务，实现政府预期的社会救助服务供给目标，广州市民政局搭建了"穗好办"和"粤政易"两个服务终端，便于群众在线提交救助需求和申请材料，以及工作人员跨时空、跨地域进行线上远程办公。群众在下载"穗好办"App之后通过手机账号注册、刷脸认证等步骤登录，除了可以进行关于住房保障、职业资格、社会保障、医疗卫生等方面的民生服务预约、查询之外，在系统中有信息记录的困难群众，还可以在"穗好办"的"暖心民政"模块中提出救助申请。社区工作人员在"粤政易"App上注册账号之后，可以在App上收到困难群众在线上提交的救助申请信息，并在救助申请办结之后可以将信息处理结果反馈到"六张网系统"以及"穗好办"App上。这种智能化的线上业务申请以及线上办公的形式，使得群众提交申请需求以及救助工作实现"指尖办、零距离"的同时，丰富了社会救助服务形式，促进线上与线下救助服务的相互融合（表1）。

表1 社会救助服务申请、处理在线化与非在线化的对比

对比项目	在线化	非在线化
救助主体	政府、社会组织、其他社会力量	政府
救助模式	物质＋资金＋服务＋技术	以物质救助和资金救助为主
申请方式	线上＋线下	线下
救助工作处理方式	线上＋线下	线下
救助信息识别	人脸识别＋数据库对比＋人工识别，效率高	人工识别，程序复杂，工程量大，效率较低
信息流通效果	信息协同共享	不同部门、层级、组织间信息割裂，存在信息壁垒

资料来源：根据"穗救易"相关政策文件整理。

3.1.3　救助服务供给精准化

在"穗救易"服务品牌形成之前，民政部门为困难群众提供的社会救助多以提供必要的生活物资、发放救助金为主。例如，春节期间，政府相关工作人员会与社工、志愿者探访记录在册的低保家庭、特困人员等，为他们提供临时救助金。这种定时、定向、发放统一物资的救助服务供给，并不能满足少数困难群众的特殊需求，或有救助不及时的情况出现。例如，对于一些需要心理辅导、情绪支持等服务的困难群众，由于相关工作人员开展定期探访时间跨度大，他们只能通过拨打社工救助热线的方式进行求助。

为了满足少数困难群众的特殊救助服务需求，使救助服务供给更加精准化，避免救助不及时的情况发生，广州市民政局在 2021 年春节期间将首批 24 项全市统一标准的救助服务清单发布在"穗好办"App 上。困难群众在"穗好办"手机客户端的"暖心民政"模块中填写救助申请问卷，该问卷包括生活服务、社工服务、养老服务以及其他服务四个类型共 24 项救助服务（表2），困难群众在问卷中结合实际需要选择救助项目后，在 App 上提交救助申请问卷。该问卷经过"六张网系统"中转推送到与困难群众救助相对应的社区工作人员的"粤政易"App 账号中，相应的工作人员会对救助申请者提供有针对性的救助服务，为困难群众提供便捷高效的精准救助服务，满足困难群众的救助需求。

表 2　救助服务需求

服务类型	具体服务事项
生活服务	提供米油，提供肉菜，提供药品，提供防疫物资（口罩、酒精）
社工服务	心理辅导，情绪支持，资源链接，政策咨询，危机干预
养老服务	康复护理，"平安通"服务，医疗保健，精神慰藉，生活照料，助餐配餐，入住养老机构申请，养老需求等级评估的申请，家庭养老床位的申请，"机构探望预约登记"服务
其他服务	急难救助，微心愿，珠珠慈善医疗大病救助平台使用，困境儿童救助保护，街面流浪乞讨人员关爱救助

资料来源：汪祥波：《"穗好办"App 上线"暖心民政"服务广州 7.8 万名困难群众可享 24 项服务》，https://news. southcn. com/node_54a44f01a2/13e4da9dec. shtml，访问日期：2022 年 2 月 1 日。

3.2　初步成效

3.2.1　政府与社会力量提供救助服务的协同能力得以提升

在"穗救易"指挥中枢的统领下，各级民政部门利用"六张网系统"通过广州市救助系统与社工组织、为老平台、志愿服务等相关业务系统的对接，实现救助数据信息跨部门、跨层级、跨区域共享的同时，也提高了政府与社会力量对困难群众提供社会救助服务的协同能力，使救助工作的开展形式多样化、救助服务的供给高效化。民政部门在"各级各部门责任网"中，规范各级各部门的职责与定位，让工作人员按照法律法规履行好各自的责任；利用"社会组织网"调动社会组织积极参与对困难群众的帮扶工作，使帮扶格局多样化；充分与"志愿服务网"对接，发挥志愿服务组织和志愿者的作用，使志愿服务供给有序高效；通过"家庭成员网"可以引导求助者的家庭成员积极承担自身的责任，做好特殊困难群体的日常生活照料工作；还可以通过"联系帮扶网"发动社会力量参与救助工作，促进结对帮扶的实现。

此外，在"穗救易"服务指挥中枢的统领下，各级政府通过信息共享平台在"穗好办"App上发布有关社会救助的政策资讯、相关服务反馈以及紧急通知等信息；慈善组织在"穗好办"App上进行组织认定、发布募捐信息、公开募捐方案等；社会组织在"粤政易"App进行登记；社工机构在"粤政易"App上收集困难群众的服务申请，按流程进行审核办结；志愿者协会在"穗好办"App上进行志愿者的招募，继而为困难群众提供志愿服务。多方力量在服务终端进行信息的收集与共享，形成一条提供救助服务的链条，使各级政府、慈善组织、社会组织、社工机构、志愿者协会等多方力量的协同服务得到积极调动。

3.2.2 救助服务信息的向下传达效率得以提升

政府相关工作人员在接收到救助者的线上救助申请之后，可以通过大数据对救助者基础信息进行核对，利用互联网传输信息快、信息传达跨度广的优点，联系救助者所在社区的社区工作人员、志愿者组织等，征集多方社会力量对救助者提供相应的救助服务。此外，社区工作人员在对求助者的申请需求有疑惑，需要与求助者进行信息核对与沟通时，也可以通过线上平台与求助者进行沟通交流；社区工作人员在完成救助服务之后，会将救助申请的处理结果实时上传。在科技赋能下形成的线上、线下相结合，跨部门、跨层级、跨区域的救助新模式，可以直接把求助者的救助申请信息传达到相应社区工作人员手中，同时救助申请处理结果可以直接反馈至求助者手里，精减了逐级审批、办理相关手续的流程，使得救助服务供给更加便捷，效率更高。

3.2.3 救助服务的精准输送效能得以提升

在科技赋能下，政府部门对困难群众提供的社会救助服务不再是单一的定期给予生活物资与救助金的模式，而是结合社会力量，与社工、志愿者、慈善机构等社会组织协同合作，在线上救助平台上发布一份统一标准的救助清单，这份救助清单里囊括的生活服务、社工服务、养老服务以及其他服务丰富了救助内容，让少数有特殊救助服务需求的困难群众有了更多选择，使救助服务的供给更精准。困难群众在线上救助平台上提交救助申请之前，除了要选择符合自身需求的救助服务以外，还需要选择居住地址所在的区域，并填写住所的详细地址，以确保救助服务需求信息准确传输到所在社区相关工作人员手中，继而实现救助服务的精准输送。

4　科技赋能社会救助服务存在的问题与原因分析

科技赋能社会救助服务在实践过程中对于推动社会救助线上服务体系标准化、整合多方力量协同参与救助服务的同时，也难以避免地存在着专业救助工作人员缺乏、信息化弱势群体使用困难、平台维护不到位等问题，阻碍了科技赋能社会救助服务的发展。

4.1　存在问题

4.1.1　专业救助工作人员缺乏

在科技赋能社会救助服务过程中，随着线上救助平台的建立与完善，从事救助工作的人员需要在线上处理救助服务申请，对相应信息进行核对统计，然后在线下提供救助服务。这种"线上＋线下"的救助工作管理模式，在提高救助服务供给效率的同时，也对工作人员的工作能力、专业素养比以往有着更高的要求，不仅需要他们掌握专业的救助服务知识，还需要他们具备熟练使用互联网平台的能力。然而，目前一些线上救助平台在投入使用了一段时间之后，出现了部分工作人员对线上救助工作系统的操作难以掌握，或能熟练使用线上操作系统却对相关业务流程不熟悉等情况，导致救助服务供给不及时。此外，由于系统开发人员对社会救助工作缺乏专业了解，其开发的线上救助平台可能会出现审核流程繁琐、线上操作不够人性化等问题，不利于救助服务供给效率的提高。

4.1.2　信息化弱势群体使用困难

困难群众在办理在线救助服务申请时需要先在手机 App 客户端或者在电脑网页上注册登记，在身份核验通过后提交相关救助服务申请。虽然线上社会救助平台的功能在不断发展完善之后，简化了相关申请流程，但是如果对于智能手机的系统操作不熟悉或存在肢体障碍的群体，如留守独居老人、孤寡老人、重度残疾人这几类困难群众在申请救助服务时，可能会遇到比较大的困难，不能准确及时地把自身的需求信息传送到社区工作人员手中，降低了诉求表达的有效性。

4.1.3　平台维护不到位

互联网平台作为线上救助服务的重要载体，平台的运行状况在一定程度上影响着线上救助服务开展的效率，现阶段，一些线上救助平台还存在着一定的开发缺陷，需要加以完善。例如，截至 2022 年 4 月 10 日，在针对"穗好办"App 的 107 条评价中，好评率达到 65％，差评率为 35％。在好评中多为称赞该应用中服务涵盖范围广、审批效率高，差评主要针对软件易发生卡顿、申请材料难以上传等方面。此外，使用者对"粤政易"App 的平台稳定性不甚满意，在 54 条评价中，好评率只有 24％，差评率则达到 76％。线上救助平台现存的维护不利问题在对救助服务的供给效率有所影响的同时，也影响了求助者对使用网络平台享受线上救助服务的积极性与主动性。

4.2 原因分析

4.2.1 复合型专业救助工作人员培养不足

在信息化时代，科技在社会救助服务中的地位日益突出，多元化的救助服务需求以及智能化的线上救助平台的投入使用，对从事救助工作的人员提出了更高的要求。然而，目前对救助工作人员的培养主要偏重于管理能力，对技术运用方面的培养比较缺乏。在线上救助平台投入使用后，部分地区从事救助工作的人员并没有接受统一的技术培训，只是根据简单操作说明自行摸索。当前，对救助服务供给和智能化线上平台操作都精通的复合型救助工作人员的培养不足，因此，在线上线下相结合的救助服务体系中，救助工作人员缺乏专业性。

4.2.2 对线上救助平台的使用指导不足

人们往往需要一段时间去适应、接受新事物，而线上社会救助平台对于传统的线下救助申请模式来说，也属于一种新事物，人们接受它需要一个过程。对于老年人等信息化弱势群体来说，单靠简单的文字描述，很难让他们掌握线上救助平台的操作方式。然而现在一些线上救助平台建立之后多是通过公众号进行宣传并指导操作方法，对于信息化弱势群体来说，通过浏览公众号推文去学习线上救助平台的使用，会影响他们使用线上救助平台的体验感，如果在使用时困难重重，会降低救助服务申请的效率。

4.2.3 平台开发不成熟

在线上救助平台网页版或手机客户端开发的过程中，部分单位会因为过度追求开发速度，而忽略了平台设计的合理性和平台运行的稳定性，出现线上救助平台操作流程繁杂、平台运行不稳定等情况。

5 科技赋能社会救助服务的发展路径

结合上述分析可以发现，科技赋能社会救助在促进不同部门协同合作、提供精准化救助服务、简化申请救助服务流程的同时，所存在的专业救助工作人员缺乏、信息化弱势群体使用困难、平台维护不到位等问题，会在一定程度影响社会救助服务的提供效率以及困难群众使用线上救助平台的积极性，难以充分发挥科技对社会救助服务的赋能作用。为了解决当下存在的众多问题，迫切地需要探索可持续的发展路径，以促进科技赋能社会救助服务的发展，推进智能化时代社会救助服务的转型升级。

5.1 注重复合型救助工作人员的培养

政府部门可以通过与高校合作，开设复合型救助服务知识传授课程，定期对救助服务部门工作人员、社区工作人员等进行系统化的救助服务基础知识、线上救助平台操作流程等专业知识培训，提高相关工作人员的专业素养，促进救助服务供给的效率，从人才培养方面增强科技对社会救助服务的赋能作用。

5.2 加强对线上救助平台的使用指导

政府在建设新的线上救助平台之后，除了对相关的操作流程通过公众号进行简要的介绍外，还可以在社区公告栏张贴操作流程图，丰富线上救助平台的使用指导模式。此外，对于部分困难群众在线上注册登记、提交资料以及救助服务申请环节遇到的问题，政府部门可以让基层社区工作人员招募志愿者开展相关的平台操作指导宣讲会，对具体操作进行"一对一""手把手"地指导。

5.3 建设针对老年人、残疾人群体的友好型线上平台

对于老年人、残疾人等信息化弱势群体来说，可以在社区设立电话救助热线，让不会使用智能手机的困难群众，通过电话完成线上救助服务申请，使线上社会救助服务工作的开展在具有效率性的同时，充满人文关怀，提高困难群众在线办理救助服务申请业务的积极性与主动性。例如，广州市民政局在打造"穗救易"服务品牌的同时，还增设了"红棉守护"热线，为群众提供办事咨询，并提供线上心理疏导、情绪支持等救助服务。

5.4 提高平台开发质量

对于线上救助平台经常发生的卡顿、闪退等问题，政府在相关平台正式运行之前，应该拓展在线平台的试点范围，多次进行严格检测，当其运行状况达到一定的标准之后再将其正式投放到市场。此外，政府相关技术部门还可以加强与互联网公司的合作，结合用户的使用反馈，从提高线上救助服务工作的高效性、便民性出发，定期对线上平台进行维护与更新，切实解决群众反映的问

题，使平台相关功能的操作更加人性化，增强用户对平台的使用意愿。

6 结论

本文运用文献研究、案例研究的方法，将广州市"穗救易"服务品牌的实践经验与相关理论成果相结合，研究科技赋能社会救助服务的方式、困境，并对存在问题进行原因分析，提出有针对性的建议对策，探索科技赋能社会救助服务的发展路径。得出以下结论：科技在赋能社会救助服务的过程中，多以互联网平台为载体，通过线上线下相结合的方式为困难群众提供救助服务，对促进救助工作效率的提高、优化救助服务供给资源发挥了很大作用。对于专业救助工作人员缺乏、信息化弱势群体使用困难、平台维护不到位等制约科技对社会救助服务发挥赋能作用的问题，可以通过注重复合型救助工作人员的培养，加强对线上救助平台的使用指导，建设针对老年人、残疾人群体的友好型线上平台，提高平台开发质量等方式，拓展科技赋能社会救助服务的发展路径，以促进社会救助体系的完善和发展。

———————————— 参 考 文 献 ————————————

陈伊纯，廖培金，2021. 广州深化养老服务改革打造大城市大养老"广州方案"[EB/OL].
    (2021 - 09 - 26) [2022 - 02 - 03]. https://economy. southcn. com/node _ 8f82098ebb/e -
    23dd1e354. shtml.

冯元，2017. 共时协同与多元参与："互联网＋"时代救助服务功能创新 [J]. 长白学刊
    (2)：78 - 83.

关信平，2021. "十四五"时期我国社会救助制度改革的目标与任务 [J]. 行政管理改革
    (4)：23 - 31.

关信平，2021. 相对贫困治理中社会救助的制度定位与改革思路 [J]. 社会保障评论，5
    (1)：105 - 114.

黄晨熹，2021. 新时代社会救助高质量发展的内涵和路径 [J]. 人民论坛 (18)：72 - 75.

黄翔，郑勇，辛亦君，等. 2018. 基于创新创业视角对"互联网＋公益 3.0"的研究：以
    "e＋益"为例 [J]. 现代信息科技，2 (9)：133 - 135.

金红磊，2020. "互联网＋"背景下的社会救助：现代功能、实践困境及实现路径 [J]. 河
    海大学学报（哲学社会科学版），22 (4)：84 - 90，108 - 109.

匡亚林，2021. 需求侧管理视角下社会救助体系分层分类改革研究 [J]. 河海大学学报（哲
    学社会科学版），23 (2)：96 - 104，108.

李月娥，明庭兴，2019. "互联网＋社会救助"：合理逻辑、实践困境与路径创新 [J]. 湖
    南广播电视大学学报 (1)：49 - 55.

廖冲绪，张曦，2020. 共建共治共享社会治理格局的逻辑进路、时代内涵与路径创新 [J].

行政与法（3）：75-81

林闽钢，2021. 中国社会救助高质量发展研究 [J]. 苏州大学学报（哲学社会科学版），42
（4）：25-31.

柳静虹，2021. 基层社会救助的执行偏差及闭环逻辑 [J]. 华南农业大学学报（社会科学
版），20（3）：129-140.

汪祥波，2021. "穗好办" App 上线 "暖心民政" 服务广州 7.8 万名困难群众可享 24 项服
务 [EB/OL].（2021-02-08）[2022-02-03]. https://news. southcn. com/node _
54a44f01a2/13e4da9dec. shtml.

王领明，2021. 重庆市 "互联网＋政务服务" 推进过程中的问题与对策研究 [D]. 重庆：
中共重庆市委党校（重庆行政学院）.

威廉·贝弗里奇，2015. 贝弗里奇报告 [J]. 社会福利（理论版）（3）：2.

邢蕊，2020. 基于网络化治理的我国社会救助服务发展研究 [D]. 秦皇岛：燕山大学.

徐晓雯，冯婉婉，彭飞，2021. 我国社会救助制度改革：历史演进、实践困境及路径选择
[J]. 公共财政研究（1）：56-68.

杨雯，刘少朋，2020. 信息化背景下高校档案工作管理体制变革与服务模式创新：基于
"互联网＋" 概念 [J]. 机电兵船档案（5）：88-91.

杨臻煌，2018. "互联网＋社会救助"：发展、隐忧及其引导 [J]. 厦门广播电视大学学报，
21（1）：38-42.

姚建平，2021. 我国社会救助标准体系建设研究：以最低生活保障制度为中心的分析 [J].
社会科学辑刊（2）：81-87.

苑仲达，2021. 社会救助兜底脱贫攻坚的三重逻辑 [J]. 江西社会科学，41（10）：194-200.

张海滨，2021. "智慧民政" 打通社会救助 "最后一公里" [J]. 中国民政（6）：63.

郑功成，2015. 中国社会救助制度的合理定位与改革取向 [J]. 国家行政学院学报（4）：17-22.

中国企业改革与发展研究会，2021. 中国企业改革发展 2020 蓝皮书 [M]. 北京：中国商务
出版社：335-339.

宗颖，2021. 着力构建社会救助制度发展新格局 [J]. 当代经济（7）：12-15.

BARRIENTOS A，SANTIBANEZ C，2009. New forms of Social Assistance and the Evolution of
Social Protection in Latin America [J]. Journal of Latin America Studies（1）：13-18.

BUDIMAN E，HAIRAH U，2021. Decision Making Analysis for Free Internet Quota Assis-
tance Online Learning during the Covid-19 Pandemic [J]. IOP Conference Series：Materi-
als Science and Engineering，1071（1）：12-23.

ELWOOD，1988. Poor support [M]. New York：Basic Books：8.

ERNA R，STEPHAN G，JOCHEM V D B，et al. 2020. Open data work：understanding
open data usage from a practice lens [J]. International Review of Administrative Sciences，
2020，86（1）：3-19.

LATIFA A，WAFI A K，VISHANTH W，2018. Investigating the impact of citizens' trust
toward the successful adoption of e-government：A multigroup analysis of gender，age，
and internet experience [J]. Information System Management（2）：124-146.

MIDGLEY J，Tang K L，2011. Social Policy，Economic Growth and Developmental Welfare ［J］. International Journal of Social Welfare（4）：244 - 252.

RAVALLION M，2012. More relatively poor people in a less absolutely poor world ［R］. Washington：The World Bank.

YOUNG I M，1990. Justice and Politicsof Difference ［M］. New Jersey：Princeton University Press，54 - 55.

广州市新生代农民工城市融入的社会保障制度支持研究

黄妙星　徐　强

1　绪论

1.1　研究背景及意义

1.1.1　研究背景

（1）我国农民工城市融入现状

国家统计局发布的《2020年农民工监测调查报告》显示，2020年全国农民工总量为28 560万人，相较于2019年下降1.8％。就进城农民工对城市的基本适应能力情况调查来看，在受访农民工中，83.3％表示对城市生活已非常适应或适应比较好，仅有1.2％的农民工表示不太适应或非常不适应。这些数据在一定程度上反映了我国进城农民工对所在城市的融入程度和认可程度较高，我国农民工社会融入进程正在不断加快。而从农民工市民化角度来看，虽然2020年底我国已经顺利实现了1亿非户籍人口在城镇落户的目标，但是目前城镇化率（63.9％）与户籍人口城镇化率（45.5％）仍相差18.4个百分点，这说明现阶段我国农民工城市融入进程仍然存在一定的推进空间。

（2）促进新生代农民工城市融入是我国经济结构转型、刺激内需的必然要求

自改革开放以来，大量农村剩余劳动力不断向大城市转移，为推动中国社会进步、中国城镇化进程和社会主义现代化建设作出了巨大贡献。城市融入不仅关系到新生代农民工个人的幸福体验，直接影响着他们进城的意愿，也与农民工共享城市发展成果紧密相关。从供给侧结构性改革角度来看，新生代农民工进城务工不仅意味着我国劳动力从生产效率相对低下的农村转移向生产效率相对较高的城市，也意味着部分农村劳动力逐步从传统落后的小农业转移向现代化的工业以及服务业领域，这一过程就是我国产业结构不断优化的过程。从扩大内需促发展的角度来看，作为农村劳动力转移到城市发展过程中形成的特殊就业群体的新生代农民工，毫无疑问应该成为扩大我国内需的强大力量。而新生代农民工群体的消费能力以及消费意愿在很大程度上取决于他们对现代化城市体系的参与度，因此促进新生代农民工更好地融入城市是刺激内需的必然

要求。总而言之，作为我国经济转型发展过程中的一个重要的特殊群体，新生代农民工，其城市融入的顺利进行，是推动我国就业结构调整、经济发展提速和国家社会整体进步的重要动力。

(3) 新生代农民工城市融入仍然面临诸多困难

在城市融入进程中，新生代农民工群体虽然成为了城市里的就业者，但他们在融入所在工作城市环境的过程中仍然遇到诸如户籍制度、社会保障制度、住房和教育制度等多重现实障碍。其中，社会保障制度作为一种国民收入再分配的重要制度，其发展程度也会显著地影响新生代农民工城市融入的具体进程。虽然当前农村社会保障制度建设在逐渐深化，但农村社会保障制度内容对于在城市工作并且习惯了城市生活的新生代农民工而言吸引力较小，同时，伴随着以依靠土地和家庭保障为主的部分功能逐步弱化，农村社会保障体系目前还无法满足新生代农民工对各方面保障的需求，这就意味着新生代农民工对于享有所在城市社会保障的需求越来越大。

1.1.2 研究意义

本文立足于现代社会保障视角，以广州市为样本，力图分析社会保障制度及相关政策在推进新生代农民工城市融入实践中应该发挥怎样的导向作用以及目前所面临的现实障碍，以促进农民工城市融入为目的，提出几项促进社会保障制度趋于完善的针对性建议措施，以期能够对现实中的政策改进提供一些参考借鉴。研究的主要意义包括：

(1) 理论意义

当前国内学术界普遍认可农民工城市融入问题研究的紧迫性和重要性，许多学者已经展开了大量相关的研究，取得了丰富的研究成果。但是目前大部分学者只是将社会保障制度本身作为阻碍农民工城市融入的一个制度障碍或者将完善社会保障制度作为促进农民工城市融入的一个重要政策建议。从社会保障制度角度研究农民工城市融入问题的研究相对较少，也极少会研究包括社会保险、基本社会福利在内的社会保障制度对我国农民工城市融入的具体阻碍机制，在如何通过改善城乡社会保障制度体系以达到促进国内农民工城市融入的方面研究也较少。本文主要通过考察当前广州市新生代农民工城市融入的基本状况以及广州市与农民工相关的社会保障发展概况，研究社会保障制度影响新生代农民工参与城市社会活动的机制，旨在为新生代农民工城市融入研究提供一定的理论参考以及更为完整的研究视野。

(2) 现实意义

农民工社会保障制度是维护新生代农民工基本权利的重要保障机制，也是构建和谐法治社会、推进新型城镇化的主要动力。随着经济发展以及各级政府相关政策的出台，新生代农民工城市融入的障碍已经逐渐减少。但在各种因素的制约下，新生代农民工群体中的大部分人依旧处于城市的"边缘"，不管是生活方式还是思想观念都与城市居民存在明显差距，难以形成对所在城市价值观的初步认同，甚至无法真正做到在生理和心理各方面都融入城市。广州市作为广东省的省会城市，同时也是我国特大城市之一，在经济发展和公共事业发展方面都走在了全国前列。本文通过对广州市社会保障制度对于新生代农民工城市融入的影响以及支持性研究，探讨在新时期经济发展的背景下，社会保障制度如何更好促进新生代农民工城市融入，希望能为我国其他地区加快新生代农民工城市融入进程、推动农村城镇化建设以及城乡社会和谐发展提供有效借鉴。

1.2 研究现状

1.2.1 农民工城市融入研究

国内对于农民工城市融入的研究主要以两种不同的角度展开，一种角度主要关注农民工城市融入的过程；另一种角度主要关注农民工城市融入的结果或者状态。但无论是哪一种，学界普遍认为新生代农民工在城市社会的融入程度不足，获得感较低，集中体现在新生代农民工群体"半城市化"问题上，表现为其在经济水平、心理状态、社会地位等各个方面与城市居民存在较大差距。

从现状来看，贾奥迪（2019）从就业机会、进城居住状况、面临的困难几个方面分析了现阶段国内新生代农民工城市融入进程，认为新生代农民工与城市居民在生活方式、生活经验、生活环境以及心理等方面仍然存在比较大的差距。刘艳萍等（2018）基于包容性视角，从机会均等、人力资本、生产性就业岗位以及社会保障四个维度出发，分析得出我国城市对农民工的包容性较弱，农民工城市融入较为困难。

从构成要素来看，李伟（2014）认为农民工城市融入表现为经济、社会、心理、文化等多个维度的融入。钱泽森等（2018）通过对 29 个省的农民工家庭的调查数据进行比较分析，从经济融入、社会融入、文化融入、身份融入四个方面考察农民工群体的城市融入现状以及未来发展趋势。黎红（2021）认为新生代农民工城市融入动因的构成要素包括流入地的外部拉力和流出地的内部推力、经济理性、社会理性以及政府引导。

从影响因素来看，大部分学者主要从以下两个层面对阻碍农民工城市融入的因素开展研究：一是制度性阻碍因素，其中最根本的是我国特殊的城乡二元户籍制度以及随之延伸的社会保险制度，社会救助、教育、住房、就业等制度。张桂梅等（2021）认为我国农民工城市融入的现实困境在于政府就业培训机制不健全、住房保障覆盖面小、各项社会保险参保比例低、子女教育门槛过高这四个制度性障碍。张宇燕等（2019）从户籍制度、教育医疗制度、住房制度、就业制度的制约作用分析了农民工城市融入的制度性障碍。二是非制度性阻碍因素，主要来自经济层面、文化层面以及农民工自身层面。刘健（2021）从政治参与、经济利益的保障、文化融入三方面指出了新生代农民工城市融入的困境。许佳佳（2019）认为农民工自身心理因素会影响新生代农民工更好地融入城市，包括自身认知能力、情绪、价值观以及行为方式等都会影响农民工对社会环境的判断，进而影响其参与城市社会生活的程度。

国际上，关于迁移群体城市融入问题的研究成果也比较丰富。Zhang 等（2018）从行为模式、生活方式、价值观和心理状态四个方面分析了新生代女性农民工的城市适应情况。Hamermesh 等（2013）通过实证调查发现迁移人口参与采购、教育等同化活动发生的频率较低，认为移民群体在城市长期居住并不会显著影响其对城市社会的融入程度。部分学者经研究认为那些具有定居迁徙地意向、高等教育经历等特征的移民群体往往能够在短期内顺利融入移民迁入地（Mezza et al.，2017）。在分析比较四种不同的农民工城市融入形式假设后，Xie 等（2016）认为同化与融入是中国农民工城市融入的主要形式。此外，Lang 等（2016）认为，在城镇化发展进程明显加快的宏观背景下，城乡社区的转型对于吸引新生代农民工到城市就业、定居具有积极影响；而 Liang 等（2020）认为新媒体技术的应用及推广也将有效促进我国新生代农民工的城市融入。

1.2.2 新生代农民工城市融入的社会保障制度支持研究

从社会保障制度全局出发，赵排风（2016）认为社会保障权益的缺失会导致农民工在经济和心理上难以融入城市，进而会影响农民工市民化进程。叶嘉容（2012）认为社会保障对农民工社会融入具有统计学上的显著正向影响。张春霞（2014）认为推进社会保障机制的法制化建设有利于解决当前部分农民工社会保障问题，可以进一步促进农民工城市融入。陈瑞文（2008）认为城市中的农民工在包括职业待遇、医疗、劳动安全、居住、子女教育等社会保障中的边缘和弱势地位与农民工的社会分层息息相关。

从社会保障制度的局部视角出发，杨杨（2015）认为影响新生代农民工参与城市社会养老保险制度的障碍缘于农民工低收入与高缴费之间的矛盾、高流动性与保险关系转移接续制度之间的矛盾、农民工群体的高期望与养老保险制度待遇偏低的矛盾等。赵建国等（2018）认为在城市参加养老保险以及较强的定居期望对新生代农民工城市融入有着积极的影响。杨文杰等（2016）通过对比养老、医疗、工伤、失业各险种的参保数据之后认为社会保障福利的获得程度是农民工与城市居民之间的主要区别。石智雷等（2014）认为拥有社会保险权益、劳动合同、住房保障等对于农民工城市融入水平的提高有着显著的正向影响。赵宁（2016）认为为了促进新生代农民工的城市融入，政府在住房保障方面应当采取改革住房公积金制度、支持保障性住房等措施。

从社会保障相关主体因素来看，唐踔（2010）认为是政府、企业、农民工三方社会保障相关主体的原因共同导致了新生代农民工在市民化进程中的社会保障制度缺陷。孙国峰等（2013）创新性地从农民工、城市居民和用人单位的视角分别阐述了新生代农民工城市融入过程中的痛点和难点。

1.2.3 文献述评

首先，在归纳概括相关文献的观点后发现，目前我国学界在农民工城市融入研究领域已经取得了丰富且观点较为一致的研究结果。基于我国农民工参与城市社会生活的实际情况，大部分学者认为我国农民工城市融入的主要障碍不再是谋求如何进入城市，而是追求在行为方式、思想观念、生活方式等众多维度上向城市范式转变，进而在城市获得认可并实现身份认同。

其次，在城乡社会保障制度的变化对当前农民工城市融入的具体影响研究分析方面，我国学界现有的文献研究成果，既包括从整体制度角度深入考察社会保障制度对目前农民工城市融入情况的综合影响，也有从局部角度出发，探讨中国各项社会保险制度调整或者保障性住房福利实施等措施对中国农民工城市融入的总体影响，同时，也有部分学者从社会保障参与主体出发对农民工城市融入进行相关研究。

最后，尽管国内关于城乡社会保障制度调整对中国新生代农民工发展的影响及相关问题的研究已成果丰硕，但从城市社会保障视角出发考察我国新生代农民工城市融入机制的文献积累相对较少。其中，缺乏有关城市社会保障制度对国内新生代农民工城市融入影响的系统研究，并且缺少对具有代表性的城市的微观研究。同时，国内学界对社会保障制度演进的历史研究也相对不足。

1.3 研究的主要内容、方法、创新之处

1.3.1 研究的主要内容

鉴于影响新生代农民工城市融入各因素的复杂性，本文假定在现有户籍制度、土地制度等影响因素不变的背景下，考察广州市现有社会保障制度框架对新生代农民工参与城市社会生活的影响机制，分析尚存在的若干问题，并试图提出解决这些问题的政策建议。本文基于社会保障制度内在的分配机制，研究社会保障制度对于新生代农民工城市融入的支持作用，以期为推动建立农民工进一步参与城市社会生活的相关政策提供理论支撑。本文在分析广州市新生代农民工参与城市社会生活具体情况的基础上，阐述了广州市现行与农民工相关的社会保障政策内容、特点及其促进农民工城市融入的作用机制，然后提出广

州市的社会保障制度在促进新生代农民工城市融入过程中存在的主要问题，最后就如何解决上述问题提出对策建议。

1.3.2 研究方法

本文主要采用文献研究法，在全面搜集国内现有社会保障制度在促进农民工城市融入方面的影响等相关的文献资料，既包括各级政府颁布的政策文件和统计部门公布的相关权威统计数据，也包括近年来学术界对有关问题的研究成果基础上，笔者进行了较为系统深入的综合归纳及整理，为研究选题及研究内容提供更加坚实有效的学科理论基础，力图在前人研究的基础上进一步深入。

1.3.3 创新之处

本文的研究视角具有一定的创新性。笔者在系统整理文献资料的基础上，发现学界目前对于新生代农民工城市融入过程的研究成果已经较为丰富，许多学者也就城乡社会保障制度对广大农民工在就业、城市生活融入等方面的影响开展过研究，也有从局部角度对于各项不同社会保险制度或者住房福利等对农民工城市融入影响的理论探讨，但就总体来看，从社会保障视角出发考察新生代农民工城市融入的研究相对较少。因此，本文旨在通过更深入具体的思考，以期在社会保障制度对新生代农民工城市融入的支持性研究方面有所收获。

2 概念界定与理论基础

2.1 概念界定

2.1.1 新生代农民工

我国新生代农民工主要是指从小在农村长大，于 20 世纪 90 年代中后期成年后进入城市务工的劳动者。新生代农民工与老一代农民工存在较大差别。首先，老一代农民工进城就业一般主要是为了谋取生存的机会，新生代农民工则在谋求生存基础上更多地表达出对于城市平等身份的诉求，在进城谋求一定经济利益回报的同时，也在寻求能够在城市里获得更多的尊重以及社会认可。其次，由于国家对义务教育的普及，新生代农民工在农村的大部分时间都在学校接受教育，从事农业劳作少，这导致了新生代农民工对家乡和农村土地眷恋较少，乡土情结并没有老一代农民工那么深厚；相反，城市生活对于广大新生代农民工群体的吸引力较大，他们渴望能够摆脱原有的生活方式甚至农村户籍，希望将来能够享受到与城市居民相同的社会保障制度、就业待遇以及发展机会。最后，相较老一代农民工往往独自到城市谋生，并且在到达一定年龄之后直接返乡养老而言，新生代农民工由于家庭随迁更普遍，考虑到子女教育以及自身养老，他们更乐于永久居住在城市中。总而言之，新生代农民工更期望能够选择在一个城市工作、定居从而迅速融入城市社会，享有与城市居民一样或类似的权利以及公共服务等。

2.1.2 城市融入

在国家对户籍制度推行渐进式改革的背景下，我国农民工的城市融入大体上可以分为两个阶段：第一阶段是农村劳动力流向城市并在城市就业的阶段；第二阶段是农民工定居并融入工作所在城市的阶段。由此可知，在整体上，我国农民工城市融入是既包括农民工群体由农村流向城市的地域变迁和人口转移，也包括其在行为模式、价值观、社会心理、生活方式等众多维度上向城市范式靠拢的过程。就目前而言，随着我国经济的逐步发展，顺利完成第一阶段是没有障碍的，但是完成第二阶段面临着诸多难题。因此，本文所定义的"新生代农民工城市融入"主要是针对第二阶段的实现过程，即具有较强烈的城市定居意愿的新生代农民工群体在行为模式等众多维度上向城市范式转变的过程。

城市融入的过程既与市民化、社会融合等过程不可分割，又不能完全等同。"城市融入"是农民工采取行动和实践冲出现有的城乡二元户籍制度等制度约束的过程，侧重于农民工自身的主观感受。"市民化"则代表一种正式的、客观上的许可，以享有与城镇户籍人口相同的法律权益为标志。"社会融合"是指农民工的群体特征逐渐契合所在城市的文化习俗以及农民工与所在城市建立一种互动的关系状态并最终得到城市身份认同的过程。

2.1.3 社会保障

社会保障是一种社会财富分配机制，属于国家分配体系中的再分配层面。社会保障的主要提供者是政府和社会，享受保障待遇的客体主要是因疾病、失业等导致生活难以维持的社会个体，保障水平为保障其基本生活需要。社会保障制度有利于维护市场经济的平衡，通常被认为是经济运行的"减震器"和"安全网"。

社会保障有狭义和广义的区别。狭义的社会保障强调"保障"的安全性和补缺性。安全性是指如何保障全体社会成员个人的生活收入来源安全，补缺性是指依法给予存在基本生存问题的社会成员一定水平的必要供给。广义的社会保障则强调一种大社会保障的概念，包括社会事业、社会保障、社会福利等内容。无论是在国内还是国外，对于社会保障的定义、价值定位等都存在着很大的争议，加之各个国家的经济发展水平以及历史、民族文化等方面存在着差别，所以不同国家具体的社会保障形式和内容之间差异也比较大。

国内外学界关于社会保障的研究中一般都会涉及对社会福利的探讨。在西方国家，社会福利同时具有制度、服务、状态与责任这四种性质，强调人民生活状态的改善以及生活质量的提高，目的在于提高全民福利水平。西方学者从狭义和广义两方面来考察社会福利，其范围都基本涵盖了狭义的社会保障。在我国，1993 年通过的《中共中央关于建立社会主义市场经济体制若干问题的决定》中明确划定了我国社会保障的范围，即社会保障体系包括社会保险、社会救济、社会福利、优抚安置和社会互助、个人储蓄积累保障。因此，社会福利只是我国社会保障体系中的一个重要组成部分。

综上，本文所讨论的社会保障制度是指主要包括社会保险、社会福利、社会救助三大版块的社会保障体系，各版块之间互为补充、相互联结，共同构建起社会保障网络。在具体的社会保障项目方面，核心层的社会保险包括养老、医疗、工伤、失业以及生育保险；托底层的社会救助是指包括专项救助、教育救助、医疗救助、灾害救助等在内的无偿性的物质援助；更高层的社会福利主要包括针对特定群体如儿童、老年人、残疾人、妇女等提供的超值服务或福利津贴，如公共福利、特殊社会福利等。

2.2 理论基础

2.2.1 马克思主义共同富裕理论

马克思、恩格斯在有关共同富裕的理论基础上进一步提出生产的目的在于全部人的富裕，可以通过不断地提高社会生产力水平，极大丰富社会财富，进而实现每个人自由而全面发展的共同富裕理论。共同富裕作为社会主义的本质要求，关键在于共享发展，使全体人民能够分享国家发展成果，平等地拥有丰裕的物质以及富足的精神。因此，必须不断地完善社会保障制度，充分发挥其内在的共享及再分配机制，进而使包括农民工群体在内的所有人都能够全面、公平地参与国家发展。

2.2.2 马斯洛需求层次理论

美国心理学家亚伯拉罕·马斯洛于 1943 年提出的需求层次理论，指出了每个人都有从低至高五种层面上的需求，即生理需求、个人安全需求、社交需求、自尊需求以及自我实现需求。马斯洛认为，只有特定层次的需求获得了实质的满足之后，个人才可能会产生更高层次的需求。马斯洛认为每一层次的需求都可以成为激发人类做出相应行为的动机，而当某个具体层次的需求在大体上获得满足后，它不再产生激励效果或者激励效果将会明显减弱。如果要刺激某行为主体，就需要知道其目前处于哪种需求层次，从而重点解决这一层次或者更高层次的需求。

3 广州市新生代农民工城市融入中的社会保障概况

3.1 新生代农民工城市融入现状

3.1.1 经济现状

随着我国经济结构的不断优化，相较于传统农民工而言，新生代农民工的自身素质在不断提升，可选择的就业范围和内容也在不断扩展，但这并不意味着新生代农民工经济压力的有效缓解。事实上，大部分新生代农民工依然属于中低收入群体，需要用有限的收入去负担衣食住行、社交、娱乐等方面日益增多的开销。同时，新生代农民工由于家庭随迁更普遍，相应地要面临买房、育儿支出等更大的经济压力，他们的收入难以支撑他们各种刚性的经济支出需求。特别是在经济发达的广州市，租房或购房、娱乐等活动支出水平相对较高，新生代农民工背负着更大的经济压力。

3.1.2　社会现状

随着社会的进步、经济的发展，新生代农民工在城市融入进程中遭遇刻板印象、排斥等社会歧视现象在不断减少，但他们仍然处于城市与农村的夹心层这种相对不平等和劣势的位置。城乡二元户籍制度以及其他相关的各类制度约束，不仅给新生代农民工的生活带来许多不便，而且让他们在社会救助、社会福利等方面难以享受到与城市居民一样的待遇。尽管农民工群体渴望融入城市社会生活，但他们与城市居民的交流依然较少，大部分仍然在固有生活圈里徘徊，难以真正融入城市。

3.1.3　心理现状

在城市融入进程中，新生代农民工表现出矛盾心理。一方面，新生代农民工渴望参与更多城市社会生活，有意愿学习城市居民的行为模式、价值观念等，希望得到城市居民的认可以及获得更平等的交往机会；但另一方面，他们也担心被各种政策以及观念所排斥，甚至担心由于自身原因而被看不起。部分农民工由于自身收入有限，即使想融入城市社会生活也力不从心；也有一些农民工认为广州市生活成本过高而抱着城市过客的心理，感觉打几年工存钱返乡更划算。

3.2　新生代农民工社会保障概况

3.2.1　新生代农民工社会保障的政策设计

广州市作为广东省的省会城市，是广东省的政治、经济、文化中心。自从20世纪90年代为了配套国有企业改革而进行了包括社会保障制度的一系列改革和调整以来，广州市一直作为全国重要的改革试点城市，推行了许多先行试点改革，所以广州市在农民工社会保障政策上的演变在一定程度上可以被视为全国与农民工相关的社会保障政策发展的缩影，并预示着中国农民工社会保障政策不断发展完善的趋势。另外，广州市农民工人口密度极高，是全国农民工最集中的地方之一。《2020年广州市国民经济和社会发展统计公报》显示，截至2020年末，广州市常住人口1 867.66万人，其中非户籍人口882.55万人。一直以来，广州市高度重视优化农民工工作、居住以及生活条件，始终把有效解决当前农民工实际问题作为加快构建文明和谐社会、促进城市经济发展的重要推手，努力扩大社会保障在农民工群体中的覆盖范围，促进农民工充分融入城市。近几年来，广州市出台了针对农民工群体的积分落户、子女教育、医疗救助等政策，在 2014 年成立了来穗人员服务管理局，成功创立了"积分＋社会服务"的广州模式，全力推进来穗人员基本公共服务均等化。

广州市推行的农民工社会保障相关政策大部分不区分城乡户籍，因此研究广州市有关农民工的社会保障制度可以为我国实行一体化的社会保障制度提供丰富的制度探索经验。广州市的高度开放和包容特性，使进入广州务工创业的农民工感受到的来自城市当地语言文化和民风习俗方面的潜在歧视和排斥被极大地削弱。因此，以广州市为例研究社会保障制度对农民工城市融入的影响具有重要意义。

国家统计局发布的 2015—2020 年《农民工监测调查报告》显示，我国从事第二产业的农民工所占比例呈减少趋势，从事第三产业的农民工所占比例则在逐年上升（图 1）。鉴于此，广州市社会保障制度目前正逐渐覆盖更多从事网络约车、网络送餐、快递等服务行业工作的灵活就业人员，而不仅局限于从事传统建筑业、制造业工作的农民工群体。

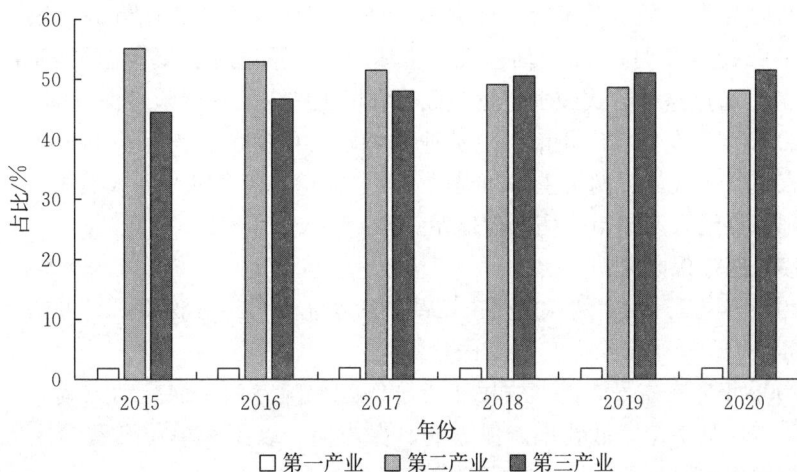

图 1　农民工从业行业分布

资料来源：国家统计局官网。

3.2.2　新生代农民工社会保险概况

在广州市社会保险制度体系中目前并不存在独立的仅针对农民工的社会保险制度，实行的是具有广州特色的"城保模式"，即用统一的社会保险体系覆盖城镇职工和农民工两大群体，农民工的社会保险政策大致上无异于城镇职工，或者各地会根据本地农民工的从业风险、保障需要等情况而相应地调整险种范围、缴费标准等。在广州务工的农民工如果选择加入广州市社会保险体系，缴费比例与广州市职工一致，并享受相同的社会保险待遇。

（1）失业保险

2008 年发布的《广州市劳动用工备案和就业失业登记办法》中指出，失业的外来流动人员享有的权利包括免费享受职业介绍和职业指导服务、享受就业扶持政策、可申领失业保险金等。

2014 年发布的《关于贯彻实施广东省失业保险条例有关问题的意见》中指出，外地户籍失业人员可选择在缴费地或户籍所在地享受失业保险待遇。

2021 年发布的《广东省灵活就业人员参加失业保险办法（试行）》中指定广州作为九个试点城市之一，旨在加大对灵活就业人员的保障支持力度。通知中界定的灵活就业人员是指依托网络约车、网络送餐、快递等平台实现就业而未与相关企业建立劳动关系的人员，以及无雇工的个体工商户等。

（2）工伤保险

2007 年发布的《关于广州市建筑施工企业农民工先行参加工伤保险的通知》中强调了广州市从事建筑行业的农民工参加工伤保险的紧迫性以及重要性。

2012 年发布的《关于阶段性调整广州市工伤保险缴费比例的通知》中规定，在 2012 年 7 月至 12 月阶段性地将参加工伤保险的用人单位的缴费比例下调 50%，通过这种方式鼓励企业积极将农民工纳入工伤保险参保范围。

2021 年发布的《广州市单位从业的特定人员参加工伤保险办事指引》中提到家政服务人员、网络主播和提供外卖、快递等劳务的从业人员等按自愿参保原则都可纳入广州市工伤保险体系。

（3）医疗保险

2005 年 10 月发布的《广州市城镇灵活就业人员医疗保险试行办法》指出外来务工人员也可以参与广州市医疗保险。

2006 年广东省发布的《农民工参加医疗保险专项扩面行动方案》要求广东省各市、县坚持"低费率、保大病、保当期、以用人单位缴费为主"的原则，积极将农民工群体纳入医疗保险制度范围。

自 2006 年之后，"广东省职工医疗互助保障计划"的保障范围扩大到包括外来工、农民工等群体，该计划分别设有甲种和乙种两个版本。其中，乙种版是一种符合农民工工资较低、流动性较大等特征的低门槛版本，保险费为 30元/份，保障期为在保单生效之日起 30 天后的一个自然年度。

2009 年发布的《关于非广州市城镇户籍从业人员参加基本医疗保险有关问题的通知》规定，农民工可参加外来工医保，且考虑到农民工流动性较大，只要求用人单位按市平均工资的 1.2% 缴纳基本医疗保险费用，参保个人不需要缴纳费用。

（4）养老保险

1999 年广州市发布的《关于非本市城镇户口劳动者参加基本养老保险的通知》中明确指出非广州市户籍人口必须依法参加基本养老保险，推进养老保险制度对于农民工群体的覆盖。

2009 年发布的《非广州市城镇户籍参保人员申领养老保险待遇管理办法》指出了非广州市户籍人员申领养老保险待遇的方法，有利于保护非广州市户籍人员的养老保险权益。

（5）生育保险

目前，广州市并没有关于农民工参加生育保险的地方性明文规定。但是人力资源和社会保障部在 2012 年 11 月起草了《生育保险办法（征求意见稿）》，从 2012 年起，我国生育保险的参保群体已不再限于本地户籍的城镇企业职工，而是覆盖了包括农民工群体在内的所有职工，以保障女性农民工在生育期间也能依法享有生育保险办法规定的基本医疗等服务。

3.2.3　新生代农民工社会救助概况

我国社会救助制度中包括的最低生活保障、教育救助等在内的大部分项目都主要是根据户籍来确定救助对象，所以，外来农民工难以进入其工作所在地的救助制度覆盖范围。在医疗救助方面，《广州市医疗救助办法》指出广州市医疗救助对象不局限于广州市户籍人口，其中第十条规定的可享受其他人员医疗待遇的对象包括：在本市工作的非本市户籍居民以及因治疗疾病造成家庭基本生活困难的人员。享受救助必须满足一定的条件，例如个人产生的医疗费用必须超过申请医疗救助前 12 个月内家庭总收入的 40%。

3.2.4　新生代农民工社会福利概况

广州市目前大部分的社会福利政策都只是针对户籍人口而设立的，专门针对农民工的社会福利政策尚欠缺。农民工受益较大的社会福利多为包括高温津贴在内的职工福利，如 2021 年广东省发布的《关于调整我省高温津贴标准的通知》中将高温津贴标准提高至 300 元/（人·月），如需按天折算则为 13.8 元/（人·月）。考虑到广州市新生代农民工群体中依然有很大一部分需要在高温环境下进行户外作业，因此高温津贴标准的提高对于新生代农民工群体的保护作用还是较为明显的。

3.3　社会保障与新生代农民工城市融入的关系

社会保障制度的不断完善对加快新生代农民工城市融入进程的影响是全方面的。首先，新生代农民工融入城市的第一个关键因素是获得一份工作，得到收入以支持他们在城市生活，这一过程属于经济层面融入的过程。社会保障体系中的各项社会保险、医疗救助等会对处于失业、疾病、工伤等困境中的农民工提供相应的经济支持，化解其财务压力，以保证农民工城市融入过程的连续性。其次，在城市生活的过程中，新生代农民工渴望在社会层面融入所在城市，他们在行为方式、服装打扮等方面慢慢地向城市居民靠拢，也在享受着部分无差别的公共服务，如公园、博物馆、社区公共健身场所等，这些城市社会福利有助于农民工社会参与程度进一步加深，推动着农民工群体在社会层面更好地融入城市生活。最后，包括职工医疗保险、养老保险、工伤保险、社会福利等在内的多层次社会保障体系所提供的基本保障，以及长期稳定的城市社会生活加之城市市民权利地位的充分获得，有助于农民工在价值取向上的城市化演变，实现其心理层面的城市融入。

4 广州市新生代农民工城市融入中的社会保障问题分析

4.1 新生代农民工自身的问题

4.1.1 参保率较低

在农民工城市融入的进程中，社会保险是必不可少的一种城市融入支持机制，但是表1的统计数据显示，广州市新生代农民工的参保意识相对来说依然淡薄，整体上参保率较低。首先，新生代农民工即使受教育程度相较于老一代农民工有所提高，但大多数也仅限于接受过九年义务制教育，文化水平比较低，加上受家庭环境、户籍制度等现实状况的影响，农民工对社会保险在他们面临疾病、意外伤害以及养老等方面的困境时发挥的保障作用认知不足，从而使其对广州市社会保障制度信心不足，参保积极性不高。其次，新生代农民工比较在意到手的工资收入，缺乏对未来的规划，并且各种生活开销负担较重，农民工对于参加社会保险更多采取的是一种观望态度，主观上并不愿意缴纳各种社会保险费用。最后，由于受户籍制度、自身劳动技能、社会刻板印象等因素影响，新生代农民工在劳动力市场上普遍居于弱势地位，当企业不愿为他们缴纳或者减少缴纳社会保险时，新生代农民工为了保住自己现有的工作机会一般也只会选择沉默。

表1 广州市农民工参加保险情况

单位：%

参加保险险种	占比
养老保险	42.2
失业保险	27.1
工伤保险	30.2

（续）

参加保险险种	占比
生育保险	26.4
新型农村合作医疗保险	64.5
城乡居民医疗保险	3.9
城镇居民医疗保险	1.3
城镇职工医疗保险	20.1
公费医疗	0.1

资料来源：《2016 年全国流动人口动态监测调查》。

4.1.2 参保时间短

进入广州市务工的新生代农民工虽然渴望摆脱农村，融入大城市，但是由于学历不高、自身劳动技能不足等因素，再加上广州市高昂的生活成本，导致大部分新生代农民工只能进入流动性大、收入较低的行业，例如建筑业或者网络约车、网络送餐等行业。广州市住房成本较高，人才引进的政策要求也较为严苛，新生代农民工往往难以真正长久地生活在广州，而是在工作到一定年龄后选择去其他二三线城市或返乡居住，所以会出现新生代农民工群体流动性高的特点。这些都决定了新生代农民工参保行为的暂时性，他们会因为工作的不固定以及高流动性而不停地参保、退保，进而阻碍他们城市融入的进程。

4.1.3 缺乏长期规划

一方面，从农民工从事的工作来看，广州市大部分新生代农民工都属于中低收入人群，经济实力有限。另一方面，新生代农民工群体出生并成长于小康时代，比较熟悉城市生活，具有较强的消费欲望，生活及娱乐等方面支出在工资中所占比例较大，相对老一代农民工来说存款更少。此外，"广州模式"下的农民工社会保险对农民工而言缴费门槛较高。在有限的收入约束之下，新生代农民工往往表现为追逐短期利益，对于缴纳社会保险特别是养老保险这样回报周期较长的缴费项目是比较抵触的。新生代农民工群体普遍认为年轻人没有必要急于为将来的养老做打算，更乐于延迟缴纳养老保险，因此参与社会保险的欲望相对较低。

4.2 政府层面的问题

4.2.1 社会保险存在局限性

广州市目前并不存在针对农民工的社会保险制度，实行的是具有广州特色的模式，即使用统一的社会保险体系覆盖城镇职工和农民工两大群体，对农民工的参保要求大致上无异于城镇职工，或者各地会根据本地农民工的工作风险、保障需要等情况而相应地微调险种范围、缴费标准等。这样的"广州模式"虽然有利于城乡社会保险制度的整合，但并没有考虑到新生代农民工群体收入较低、流动性大的特点，导致广州市社会保险的供给与新生代农民工的需求不相符，从而影响新生代农民工的城市融入进程。另外，在越来越多的新生代农民工从事网络约车、网络送餐等新业态的背景下，广州市对于这些灵活就业人员出台的社会保险政策还比较少，难以真正保障选择灵活就业的新生代农民工的合法权益。社会保险制度的有效实施也依赖于与之配套的法律法规的完善，而目前广州市针对社会保险政策执行过程中的违规、违法行为还缺少更多详细的惩罚细则，难以保护农民工群体权益免于或更少遭受恶意侵害。

4.2.2 社会救助和社会福利的缺失

广州市的社会保障制度整体上是比较完善的，但是其制度设计也存在着诸多问题，例如由于户籍因素等，新生代农民工群体一般不在广州市现行的社会救助和社会福利政策覆盖范围中。而寻求融入现代城市环境的新生代农民工群体无法享有与现有城市居民基本相同或相类似的社会救助及社会福利待遇，将阻碍新生代农民工群体融入城市。

在社会救助方面，广州市现行的大部分救助项目如教育救助、住房救助等都与最低生活保障制度挂钩，而最低生活保障制度则要求"具有本地户籍"，并未将新生代农民工群体纳入该项目的保障范围。此外，在法律援助方面，由于新生代农民工群体文化水平不高，即使拥有维权意识，但可能会因为缺乏专业的法律知识而难以找到正确的诉讼渠道，无法得到有效的法律援助。

在社会福利方面，广州市对新生代农民工的住房保障措施还有待完善，比如广州市申请廉租房的条件包括"申请人及共同申请的家庭成员具有本市城镇户籍"，对外来人口申请公租房的要求也较为苛刻，新生代农民工申请也较为困难。此外，一些针对老年人群体的福利，如免费搭乘公交车等也仅限于拥有广州市户籍的、符合一定年龄条件的老年人。

4.3 企业层面的问题

4.3.1 用人单位逃避社会保险责任

农民工社会保障涉及的主体包括用人单位、农民工以及政府，构建完善的针对新生代农民工城市融入的社会保障支持机制需要这三方的通力合作。但广州市部分用人单位依然对农民工存在轻视心理，认为农民工群体受教育程度不高、缺少维权意识，没有认识到新生代农民工对于广州市建设和发展的重要作用。为了追求短期利益，用人单位往往会选择逃避自身对新生代农民工的社保责任。最常见的情况是用人单位少报所雇用的农民工人数，这样农民工信息就不会被采集，自然也不用缴纳各项社会保险费。部分用人单位会选择比较隐蔽的手段，比如直接从农民工的工资中扣减用人单位应该负担的部分，从而将企业自身的社保责任转嫁给农民工。更有甚者，一些农民工在用人单位的诱导或施压下不得不签订临时合同，由于广州市职工参加的社会保险是以劳动合同为基础的，从而用人单位就可以逃避为受雇农民工缴纳社会保险的责任。

4.3.2 新生代农民工职工福利的缺失

职工福利也被称为职业福利，一般是指用人单位为提高职工生活质量而提供的工资以外的津贴、服务或各种设施的社会福利。职工福利可以被看作是一种较广泛意义上的社会人力资本增值激励计划，有利于提高职工的劳动积极性，能够使新生代农民工有更强的归属感。众所周知，规模越大的企业能提供的职工福利一般也越丰富，并且越高端的人才能获得的职工福利也越多，但是新生代农民工群体由于受户籍以及自身文化水平等因素的限制，一般都只能就职于中小企业，所以新生代农民工的职工福利存在缺失，一定程度上违背了职工福利的相对普遍性原则甚至损害了社会公平。

5 优化新生代农民工城市融入中社会保障支持的路径

广州市新生代农民工社会保障存在的各种矛盾和问题，严重影响新生代农民工群体更好地融入城市生活，因此需要从多个主体的角度进行深入分析，并寻找解决问题的途径，确保广州市新生代农民工的合法利益，充分发挥广州市社会保障制度对新生代农民工城市融入的支持作用。

5.1 提高新生代农民工的素质

虽然新生代农民工相较于老一代农民工来说整体的文化水平在不断提高，但是考虑到我国经济发展模式的转变以及经济结构不断优化调整，新生代农民工的劳动素质依然难以匹配社会发展的高要求。因此，高质量的就业是农民工城市融入的基础。为了加强新生代农民工的知识储备，必须在政府、企业等主体共同努力下，加大对农民工业务能力、相关职业技能等方面的培训，并对培训合格的农民工颁发相关资格证书，以增强他们在劳动力市场上的竞争力。同时，政府也可以对开展农民工培训计划的企业给予一定的税收优惠、资金支持等。另外，有必要对新生代农民工群体开展融入性教育，包括政治思想、就业择业价值观等方面的培训，使新生代农民工群体更好地融入城市生活。

5.2 扩大社会救助和社会福利的覆盖范围

广州市现有的社会救助、社会福利等制度依旧受限于城乡二元户籍制度，难以真正覆盖新生代农民工群体，没有让他们更多地共享广州市的发展成果。广州市现有的社会救助、社会福利制度使新生代农民工难以与广州市城市居民享有相同或类似的社会保障供给，阻碍了新生代农民工群体更好地融入城市生活。

在社会救助方面，应该扩大城市救助的覆盖范围，完善社会救助系统中进城农民工的个人信息，同时加强对申请受助群体的甄别，确立合适的救助标准以帮助符合标准的农民工，简化农民工申请社会救助的流程。同时，根据国务院在 2014 年明确的"8+1"社会救助制度体系，广州市政府也应当鼓励、支持社会力量参与社会救助。

在社会福利方面，虽然广州市目前为外来务工人员提供的包括房屋租赁、公租房在内的住房福利制度发展良好，但是对于农民工群体来说门槛依旧较高。因此，广州市应灵活调整社会福利制度，提高新生代农民工的生存质量从而帮助他们更好地融入城市生活。

5.3 加强社会保险制度的支持力量

作为我国社会保障制度核心的社会保险体系，其完善与否对于新生代农民工参与城市社会生活的程度与满意度影响显著。目前，广州市社会保险制度缺乏有效区分不同群体的机制，没有把握住新生代农民工的特性，难以满足新生代农民工群体的社会保险需求，进而导致新生代农民工无法真正融入广州市。鉴于此，广州市应该设立分层再分类的农民工社会保险制度体系，加强对新生代农民工所需的社会保险供给。对于有固定收入、职业稳定的农民工，相应可实行"广州模式"，将农民工群体纳入广州市城镇职工社会保险制度范围。对于就业不稳定的农民工，包括各种灵活就业人员、短期临时工，可使用过渡性办法，开展包括灵活就业人员在内的职业伤害保障试点，强制参与工伤、失业等保险。在医疗保险方面，可以尝试取消农民工参保人员的个人账户以降低其缴费负担，侧重统筹账户的医疗风险共济能力，采取低缴费、低门槛、以保大病为主的政策，注重防范短期疾病风险。另外，鉴于我国养老保险转移接续办法的规定以及新生代农民工的高流动性，养老保险可暂时性地建立完全积累制，缴费总额全部划入个人账户，以维护新生代农民工转移接续时的社保权益，从而达到激励参保的效果。

我国目前社会保险的缴费主体包括三大类：政府、用人单位和参保个人。虽然社保费用的单位缴纳部分会增加用人单位的成本，但从实质上看该部分属于劳动者报酬的一部分，所以用人单位有为农民工缴纳社保费用的责任。但现实中，用人单位会采用多种方式来逃避缴费义务，能规避则规避，能不交就不交。因此广州市政府相关部门应加强对农民工参保的宣传，通过知识讲座、印发宣传文件、网络宣传等手段，并深入用人单位内部，提升农民工和用人单位的参保意识。同时，广州市作为我国一线城市，可以努力探索减轻用人单位缴纳社保费用压力的途径，比如适当降低用人单位和职工的缴纳比例，或者对于农民工参保率较高的用人单位给予税收优惠、适当补贴等政策倾斜，从而变相激发用人单位履行社保责任的主动性。

5.4　探索更多促进新生代农民工城市融入的手段

城市融入是一个涉及新生代农民工职业、身份地位、生活方式、文化观念等多方面向城市居民转变的过程，仅仅依靠社会保障制度层面的支持是远远不足的，广州市应该探索更多促进新生代农民工城市融入的渠道。目前，广州市推出的积分落户、随迁子女教育、外来人员公租房申请等政策，在一定程度上使新生代农民工享有与户籍居民同等或类似的公共服务供给，极大地推动了广州市新生代农民工城市融入进程。但是相较于新生代农民工群体紧迫而多样的需求，这些政策门槛较高，也不能充分满足新生代农民工的城市融入需求。因此，广州市可以出台更多相关政策，例如将失业保险与农民工职业技能相挂钩，将失业保险基金用于参保农民工职业技能提升的补贴，或者发挥引导作用去组织社会力量来构建职业保险的社会融合机制，转变社会上某些群体对于农民工的固有印象。

6　结论

目前，新生代农民工正逐渐成为建设广州市的中坚力量，新生代农民工融入广州市的进程也正在不断加快。因此，政府应该努力完善广州市社会保障制度，充分发挥社会保障制度对广州市新生代农民工城市融入的支持作用。解决新生代农民工新的城市融入诉求，有利于激发新生代农民工的消费意愿和消费能力进而扩大内需，促使更多农民工走向生产率更高的行业，最终有利于经济平稳运行和社会和谐发展。本文通过研究广州市新生代农民工城市融入中社会保障制度的支持作用，进一步分析新生代农民工城市融入中存在的社会保障问题，并提出解决问题的相关对策与建议，主要结论如下：

第一，不断改善新生代农民工的素质，提高新生代农民工在业务、相关职业技能等方面的能力，保证新生代农民工的高质量就业以及更好地融入城市生活。

第二，建立可满足广大新生代农民工基本生活保障需求的多层次、综合性的生活保障服务体系，包括设立分层再分类的现代社会保险制度体系以及将新生代农民工涵盖在内的多种形式的城市医疗救助、社会福利等制度体系。

第三，发挥政府和企业在新生代农民工城市融入过程中的作用以及相应的社会保障责任，探索更多新生代农民工城市融入的支持手段，比如构建职业保险的社会融合机制、适当降低农民工子女受教育的门槛等。

参 考 文 献

程瑜，陈瑞文，2008. 农民工社会保障的现状与对策：以广州市黄埔区为例 [J]. 广西民族大学学报（哲学社会科学版）(4)：57 - 60.

邓炜，2021. 浅谈新生代农民工社会保障问题的现状 [J]. 现代化农业 (5)：47 - 49.

贾奥迪，2019. 新生代农民工城市融入现状分析 [J]. 劳动保障世界 (21)：67 - 68.

孔伟艳，2011. 社会福利与社会保障的概念辨析 [J]. 中共天津市委党校学报，13 (5)：71 - 75.

黎红，2021. 从嵌入、漂移到融合：农民工城市融入进程研究 [J]. 浙江社会科学 (6)：95 - 102，159.

李红浪，2013. 新生代农民工社会保障问题及对策 [J]. 江西社会科学，33 (10)：194 - 197.

李宏，何春晖，2014. 农民工市民化过程中的社会保险问题研究：以河北省为例 [J]. 经济论坛 (3)：106 - 110.

李慧，2011. 对农民工社会保险问题的几点思考 [J]. 中国证券期货 (4)：164 - 165.

李伟，2014. 农民工城市融入问题研究综述 [J]. 经济研究参考 (30)：38 - 49.

刘春凤，2017. 新生代农民工社会保障问题研究 [D]. 南昌：江西农业大学.

刘俊玲，2018. 基于广州市积分入户政策视角下促进农民工城市融入研究 [D]. 广州：广州大学.

刘艳，2018. 新生代农民工社会保障问题的对策浅析 [J]. 劳动保障世界 (27)：18.

刘艳萍，张卫国，2018. 农民工城市融入的包容性分析 [J]. 财经问题研究 (8)：121 - 129.

卢海阳，梁海兵，钱文荣，2015. 农民工的城市融入：现状与政策启示 [J]. 农业经济问题，36 (7)：26 - 36，110.

缪艺，2018. 浅析新生代农民工社会保障问题 [J]. 中国集体经济 (7)：164 - 165.

钱泽森，朱嘉晔，2018. 农民工的城市融入：现状、变化趋势与影响因素：基于 2011—2015 年 29 省农民工家庭调查数据的研究 [J]. 农业经济问题 (6)：74 - 86.

石智雷，施念，2014. 农民工的社会保障与城市融入分析 [J]. 人口与发展，20 (2)：33 - 43.

孙国峰，张旭晨，2013. 新生代农民工社会保障问题实证分析：以甘肃省为例 [J]. 调研世界 (12)：31 - 35.

唐踔，2010. 新生代农民工市民化进程中的社会保障问题初探 [J]. 劳动保障世界（理论版）(10)：3 - 7.

田凯，2001. 关于社会福利的定义及其与社会保障关系的再探讨 [J]. 上海社会科学院学术季刊 (1)：157-165.

文军，黄枫岚，2019. 改革开放 40 年中国农民工社会保障政策演进比较：以上海、湖南、重庆三地政策文本为例 [J]. 南通大学学报 (社会科学版)，35 (6)：63-74.

许佳佳，2019. 新生代农民工城市融入的心理困境与突破路径 [J]. 农业经济 (4)：58-60.

杨文杰，秦加加，2016. 农民工城市融入的社会保障现状分析 [J]. 人才资源开发 (14)：178-179.

杨扬，2015. 新生代农民工城市融入制度性障碍分析：以养老保险制度为例 [J]. 现代商业 (12)：272-273.

叶嘉容，2012. 农民工社会保障的现状及其对社会融合的影响 [D]. 杭州：浙江大学.

叶宁，2013. 城镇职工基本养老保险扩大覆盖面的难点探究：基于灵活就业者缴费能力生命表的分析 [J]. 中南财经政法大学学报 (5)：61-65，108.

于方贤，2015. 新生代农民工社会保障问题研究 [D]. 济南：山东中医药大学.

张春霞，2014. 关于农民工社会保障若干问题的思考 [J]. 新经济 (14)：107-108.

张桂敏，王轲，2021. 城镇化进程中农民工融入城市的困境与出路 [J]. 山西农经 (8)：8-10.

张琦琦，2013. 广州市新生代农民工社会保险问题研究 [D]. 广州：华南理工大学.

张辛欣，2016. 新生代农民工社会保障问题研究 [D]. 成都：西南交通大学.

张宇艳，赵艳霞，2019. 新生代农民工城市融入困境及解决路径研究 [J]. 农村经济与科技，30 (22)：186-187.

赵建国，周德水，2018. 养老保险、定居期望与新生代农民工城市融入 [J]. 农业技术经济 (10)：36-47.

赵宁，2016. 新生代农民工城市融入进程中住房保障的困境与出路 [J]. 政法论丛 (1)：137-144.

郑桂萍，2019. 农民工社会保障中存在的问题及对策 [J]. 劳动保障世界 (26)：30.

周榕，2008. 广州市农民工医疗保障状况与意愿研究 [D]. 武汉：华中农业大学.

朱广琴，余建辉，2014. 新生代农民工城市融入的社会保障分析 [J]. 西南石油大学学报 (社会科学版)，16 (1)：50-54.

DEBORAH C，2021. Marital Histories and Late-Life Economic Security：Do Social Security Benefits Rules Perpetuate Disparities? [J]. Innovation in Aging，5 (Supplement1).

FU Y L，2018. Study on Constructing a Vocational Education Strategy System of Diversified New Generation Migrant Workers [C]// Proceedings of 2018 International Conference on Education，Psychology，and Management Science (ICEPMS 2018). Francis Academic Press，153-157.

HAMERMESH D S，STEPHEN T J，2013. How do immigrants spend their time? The process of assimilation [J]. Journal of population economics，26 (2).

JIANG S K，XU Z，2018. Index Evaluation System on the Degree of Production-City Integration in New Urban Development Zones：a case study of the Dajiangdong new town in Hangzhou [C]// Proceedings of 2018 International Conference on Education Technology and Social Sciences（ETSOCS 2018）：200 - 204.

LANG W，CHEN T T，LI X，2016. A new style of urbanization in China：Transformation of urban rural communities ［J］. Habitat International，55.

LIANG X W，LAN J H，2020. Discussion on the Application of New Media in the Urban Integration of New Generation Migrant Workers ［J］. International Journal of Frontiers in Sociology，2（7）．

MAZZA P，2017. Dealing with omitted answers in a survey on social integration of immigrants in Italy ［J］. Mathematical Population Studies，24（2）．

OU T Y，2019. The Improvement Thought and Basic Principle of the New Generation of Migrant Workers' Political Participation ［J］. Journal of Public Policy and Administration，3（4）．

XIE S H，LENG X M，RITAKALLIO V M，2016. The urban integration of migrant workers in China：an assimilation - integration pattern ［J］. China Journal of Social Work，9（3）．

YAO F，2021. This Paper Discusses The Problems And Measures Of Rural Labor And Social Security ［J］. International Journal of Higher Education Teaching Theory，2（3）．

ZHANG J，GAO G J，2018. Research of the Current Situation and Strategies of the New Generation of Female Migrant Workers City Integration：Taking the H community of Jinan as an example ［C］// Proceedings of the 2018 International Seminar on Education Research and Social Science（ISERSS 2018），Advances in Social Science，Education and Humanities Research（ASSEHR），195：229 - 232.

ZHANG L F，2021. Human Capital of Floating Population and City Integration ［J］. International Journal of Education and Management，6（1）．

ZHANG Y J，DAI X J，YU X F，et al. ，2020. Urban integration of land - deprived households in China：Quality of living and social welfare ［J］. Land Use Policy，96（C）．

汕头市下蔡村多元主体参与农村养老服务供给问题研究

余晓玲　邓永超

1　绪论

1.1　研究背景与意义

1.1.1　研究背景

根据第七次全国人口普查数据，全国人口中，60 岁及以上人口占总人口的 18.70％，其中，65 岁及以上人口占总人口的 13.50％[①]早在 2000 年，第五次全国人口普查结果显示我国已经正式步入老龄化国家。《第七次全国人口普查公报》显示，从人口结构看，近十年间，中国已跨过了第一个快速人口老龄化期，我们很快还需应对一个更快速的人口老龄化期[②]

近年来，国务院多次发布指导性政策文件，积极推进养老服务的发展。"十四五"规划中指出要扩大养老机构护理型床位供给，养老机构护理型床位占比提高到 55％。随后，国务院于 2022 年 2 月 21 日发布《"十四五"国家老龄事业发展和养老服务体系规划》（国发〔2021〕35 号），明确"十四五"时期推动全社会积极应对人口老龄化格局初步形成。表明了新时代党中央积极应对人口老龄化的决心，也充分体现了党和国家对养老服务工作的高度重视和对近 3 亿老年人的关心关爱。

与此同时，农村人口老龄化态势依旧十分严峻。数据显示，城镇 60 岁及以上人口占总人口的 15.82％，农村 60 岁及以上人口所占比重则为 23.81％，二者之间的差距比第六次全国人口普查结果的 3.92 个百分点进一步增大至 7.99 个百分点。与 2010 年第六次全国人口普查相比，十年之间，农村 60 岁及以上人口占总人口的比重与全国水平之间差距从 1.72 个百分点提高到 5.11 个百分点。显然，农村人口老龄化速度快于城镇。加之城市化进程的加快，农

---

① 第七次全国人口普查公报（第五号），http://www.stats.gov.cn/ztjc/zdtjgz/zgrkpc/dqcrkpc/ggl/202105/t20210519 _ 1817698. html.

② 第七次全国人口普查公报解读，http://www.stats.gov.cn/xxgk/jd/sjjd2020/202105/t20210512 _ 1817342. html.

村青壮年人口流失日益增多，空巢家庭正在农村加速出现，农村人口对养老服务的需求也日益增多。

但是，城乡养老服务设施差异化明显，全国范围内实现城乡一体化的地区寥寥，大多数地区仍然呈现出养老服务设施和公共服务资源配置的严重不足。王雪辉等（2020）研究发现，农村养老服务供给总体水平偏低，内部差异显著。另外，多数敬老院仅提供基本生活照料服务，难以提供高水平的护理服务、情感慰藉等。显然，为应对人口老龄化挑战，社会养老服务资源供给不均衡的问题亟待解决。

基于农村人口老龄化问题严峻而农村养老服务供给严重不足的紧迫性，也出于笔者对家乡的深厚情谊，本次研究拟通过文献分析、实地考察等方法，深入了解汕头市下蔡村老年人养老服务的现实供给情况，分析在养老服务供给中各主体承担的责任，并找出其不足之处，以探讨优化汕头市下蔡村多元主体参与养老服务供给的模式。

1.1.2 研究意义

多元主体参与养老服务供给是缓解政府沉重负担，积极应对我国人口老龄化严峻形势的有效方法，研究多元主体参与养老服务供给具有非常重要的理论意义和现实意义。

（1）理论意义

随着我国人口老龄化进程的加快，养老服务也成为热点话题，近年来已有不少学者围绕其开展了深入的理论研究。但整体而言，大多聚焦于城市的情况，而关于多元主体参与农村地区养老服务供给的实证个案研究仍有不足。因此，本文旨在通过梳理多元主体参与养老服务供给的相关理论与实践经验，明确政府、企业等多方主体责任，进一步丰富多元主体参与农村地区养老服务供给的研究成果。

（2）现实意义

本次研究选取汕头市下蔡村为研究对象，运用现有多元主体参与养老服务供给的方式、方法，结合当地老年人对养老服务的现实需求对比分析，探索汕头市下蔡村多元主体参与养老服务的不足之处并提出改进建议。本文意在响应国家"十四五"规划中关于国家老龄事业和养老服务体系发展的政策，在促进家乡养老服务事业发展的同时，提升家乡人民福祉，缓解社会养老压力。

1.2 研究综述

1.2.1 养老服务供给主体的有关研究

当前世界人口老龄化日趋严峻，随之而来的养老问题也亟待解决，同时，全球经济增长放缓、生育率屡屡降低等情况，无一不在提醒我们，推进养老保障制度建设刻不容缓。目前，在养老服务的供给中，政府仍然承担主要责任，但也只能满足社会养老的基本需要，尚缺少涵盖内容更全面、更高质量的养老服务。即便如此，政府的财政压力仍然很大，这促使学者们开始探索新的养老服务供给模式，寻求更多元的供给主体共同参与。

就养老服务供给主体的研究，最初，"福利国家之父"威廉·贝弗里奇认为，政府应该是社会福利供给的主体，其中包括养老服务。而随着研究的深入，为满足老年人逐渐多样化的养老服务需求，国外不同学派的学者无论立足于何种理论，普遍赞成多元的供给主体比单一供给主体更优，并认为未来更精细化、多样化的养老服务，由单一主体是无法提供的，多种力量参与老年人养老服务供给势在必行（刘小红，2021）。

在我国，由于城镇化、现代化的发展，农村"空心化"现象凸显，但相应的居家养老、机构养老等服务体系未能及时建立完善，养老仅由家庭承担，并不能满足日益增长的养老服务需求（魏凯霞，2020）。

早在 1976 年，美国学者 David Shulman 和 Ruth Galanter 就已经提出：为提高养老服务供给水平，可通过政府购买，将养老院运营权交予企业。随着供给侧结构性改革的深入推进，杨永刚（2017）提出，需要多元力量注入农村养老服务网络；刘宇等（2018）也认为需要构建多元协同供给体系。

1.2.2 多元主体参与养老服务供给的有关研究

就实现多元主体有效参与农村养老服务供给的问题，不少学者分主体探究了供给主体责任与供给方式。从政府的角度，即使是在高度私有化的美国，Richard A. Lusky（1986）依然认为，政府提供一揽子的保健和支持服务是必要的，美国公共政策在扩大和改善老年人保健和社会服务水平上的支出是必然增长的。李兆友等（2016）认为需要构建多元主体间的风险响应机制，保障政府主导与多元供给主体间协同合作的推进；王浩林等（2018）则指出，受"空心化"问题约束，要破除农村养老服务多元供给困境，政府应转变"主导"角色为"合作平台"，用多重机制构建社会合作网络。

从非营利组织的角度，吉德伦等（2008）依据政府与第三部门互动关系的类型将非营利组织居家养老供给模式分为合作供销模式和合作伙伴模式，宋飞雪等（2017）通过实地调研将提供养老服务的非营利组织分为政府主导型、企业附属型和公益主导型三类，并分类研究这三类非营利组织与政府的合作模式及其相应完善策略。

从企业参与，或者说从市场参与的角度，Ragnar Stolt 等（2010）通过研究瑞典私营和公共机构的老年人护理服务质量，发现私有化确实可以有效提高服务质量。李兵兵（2021）从宏观、中观和微观三维视角剖析企业参与农村养老服务供给的困境及其成因，并据此提出相应解决对策。

Jennifer 等（2002）提出，对政府与社会力量合作的考察不仅要关注服务问题，而且要包括公平问题。唐蕊等（2022）运用数据进行实证研究，证明了社会资本参与养老服务供给实现了基础设施和人员配备的公平，但有效需求下的公平性未能得到保障，还存在投入高但使用率低等问题。

1.2.3 简要评价

现阶段的养老服务供给研究以社区居家养老、城市居家养老居多，而对农村地区的养老服务供给的研究还比较少，针对多元主体参与视角下的研究就更少。但是，面对人口老龄化更严峻和养老服务资源更匮乏的农村，开展相关研究的重要性不言而喻。特别是在针对多元主体参与农村地区养老服务供给的研究中，还缺少个案研究。我国村落众多，各地地理、人文风貌千差万别，在研究上一劳永逸是不可能的，因地制宜、对症下药才是解决问题的关键。

本文以笔者家乡为研究对象，尝试针对性地探寻汕头市下蔡村多元主体参与养老服务供给存在的问题与相应解决办法。

1.3 研究思路与方法

1.3.1 研究思路

整体研究路径如图1所示。研究开展前期，笔者整理了已有研究成果，掌握了福利多元主义理论、协同治理理论、多中心治理理论等理论基础，以确保研究的科学性。

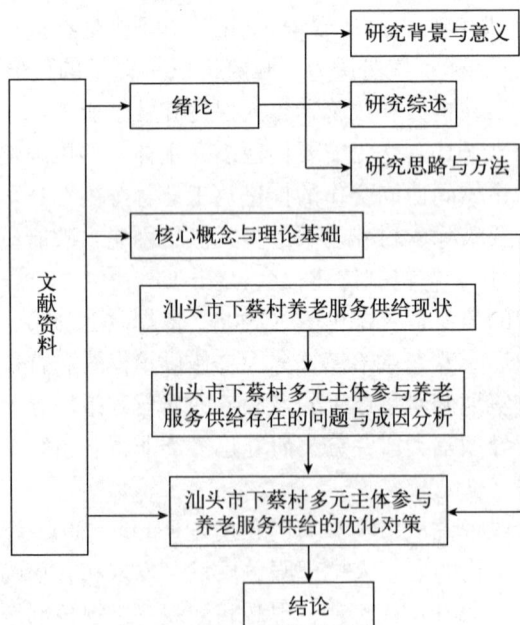

图1 研究路径

而后，采取实地调研，走访村委会、养老机构，与村民、村委会负责人、养老机构工作人员、志愿者进行访谈，深入了解汕头市下蔡村的实际养老服务供给情况，尤其是政府、企业等主体的养老服务供给情况。

依据调研结果，结合老年人的实际需求与理论研究，提出汕头市下蔡村养老服务供给存在不足与其背后的成因。基于此，提出改进当前养老服务供给的对策建议。最后，总结全文，并反思整个研究存在的缺陷，以期在日后改进。

1.3.2 研究方法

文献研究法：笔者通过中国知网等多个数据平台，搜索、整理国内外养老服务供给、多中心治理理论等相关文献，并进行系统性地总结与梳理，确保本文理论基础的科学性。

个案研究法：本文以汕头市下蔡村为研究对象，笔者通过实地调研掌握当地实际情况，保证研究的真实有效。

深入访谈法：在汕头市下蔡村开展实地调研过程中，通过与村委会负责人、养老机构工作人员、相关志愿者等进行深入沟通交流，了解当地实际情况。

2 核心概念与理论基础

2.1 概念界定

2.1.1 养老服务

学界一般认为，"养老"的内涵是年满六十周岁的老年人退出社会劳动以后的一种生活状态，既包括生理状态也包括心理状态（刘金华，2009）。而对"养老服务"，张民省（2008）将其概括为："特定主体以一种或多种形式提供老年人所需经济支持、生活照料和精神慰藉等内容的总称，包括为满足老年人在衣、食、住、行等各方面特殊需求展开的各项服务。"

具体而言，养老服务有广义和狭义之分。从广义而言，养老服务包含"安老"政策——满足老年人"老有所依"的需求、"养老"政策——关注老年人"老有所养"的需求、"享老"政策——兼顾老年人"老有所乐"的需求三大养老政策（张昊，2020）。有学者甚至表明，一切有利于老年人更好生活的为老服务，无论正式与否，都可以被认定是养老服务（席恒等，2014）。从狭义而言，养老服务可细分为生活照料、医疗保健、心理慰藉以及法律维权等不同服务维度。

本文中的"养老服务"，指的是广义上的养老服务，即：国家和社会为发扬敬老爱老的传统美德、安定老年人的基本生活、维护老年人的生理健康、充实老年人的精神文化生活，采取的政策措施和提供的设施、服务等的总称。主要的服务形式有：生活照料、家政维修、医疗保健、精神慰藉、安全防护、文化体育等。

2.1.2　多元主体参与

多元主体是相对一元主体而言的，是多中心治理理论的核心主张。该理论要求打破政府传统单一治理"大包大揽"的模式，政府应当转变自身职能，给予企业、非营利组织等社会力量一定的发展空间，采用灵活的手段和形式与它们相互配合，从而达到加强公共事务治理的效果（汪素，2021）。而具有明显普适性的养老服务，早已不再是由政府、市场等任何唯一主体可以提供的，而是需要多方主体协同合作，来实现养老服务更全面、更高质量的供给（邓丹，2021）。

因此，养老服务供给中的多元主体参与指的是政府通过政策引导、民主协商、双向沟通等手段与形式，充分发挥企业、非营利组织甚至群众等作为参与主体的主观能动性，以实现养老服务供给的共同效益最大化，同时降低养老服务供给成本，提高养老服务供给质量。本文中的多元主体指的是乡镇政府与村民委员会、企业、非营利组织。

2.2　理论基础

2.2.1　福利多元主义理论

1978 年，"福利多元化"首次出现在英国《沃尔芬地区志愿组织的未来报告》中，随后，罗斯对其给予充分补充，尤其是他的福利多元主义，即福利主要由国家、市场和家庭供给。而后，德国学者伊瓦斯在此基础上进一步提出福利供给的四元模型，即在福利多元主义理论基础上强调社会组织等第三部门在福利供给中的特殊作用（陈蕾，2015）。

福利多元主义理论主张福利来源的多元化，即福利供给主体的多元化，认为政府不是福利供给的唯一主体，要重视民间力量，社会组织，甚至是志愿者的功能发挥，以此提高福利供给的效率与质量。

养老服务是老年人福利中的重要组成部分，福利多元主义理论为多元主体参与养老服务供给提供了理论范式，强调政府以合作形式与市场、家庭等主体共担养老服务供给的重任。同时，福利多元主义理论还为多供给主体之间相互关系分析奠定了强有力的理论基础（赵艳，2021）。

2.2.2　协同治理理论

协同治理理论，是以属于自然科学的协同理论（或称协同学）和属于社会科学的治理理论为基础形成的新兴交叉理论（李汉卿，2014）。协同治理理论强调的是，在追求共同的目标时，多元主体之间在处理公共事务时的相互联系与协同合作（任慧颖，2022）。

随着老龄化问题的日益凸显，养老服务供给缺口愈加明显，传统模式下对政府单一主体的依赖已经不能保障养老服务资源的充足供给，多元主体参与养老服务供给已经成为一种必然趋势。在这种情况下政府要转变治理理念，与企业等多元主体协同合作，采用创新化的治理手段，实现养老服务的资源整合和有效供给。协同治理理论为此提供了可行的理论支撑。

3 汕头市下蔡村养老服务供给的现状

3.1 汕头市下蔡村概况

下蔡村位于汕头市龙湖区外砂镇迎宾南路，与蓬中村接壤，地处汕头外砂机场北侧，国道324线贯村而过，交通便利，属于汕头市经济发展水平较高的农村之一，曾获得"汕头市文明村"等多项荣誉称号。

全村面积0.33平方千米，人口总数约2.6千人，农业人口占总人口的85％以上。其中，老年人口近300人，超过总人口的1/10。

3.2 汕头市下蔡村养老服务供给概况

依据实地走访，汕头市下蔡村村委会的一位工作人员说到："每年我们会按上级领导的要求给每个老人发放养老金，或者叫补贴，就几百元，每年都不一样，这两年一直在涨，每年涨一百是有的。然后就是过年过节，特别是春节，中秋节这种节日，会发通知让大家来领米、油。"（访谈记录：XCA20220212）由此可见，政府与村委会，作为养老服务供给的主力军，会定时对拥有下蔡村户籍的老年人发放养老补贴与物资，以保障下蔡村老年人基本生活。工作人员表示："村口的那些运动器材，也是我们在管。那些是前年安装的。"（访谈记录：XCA20220212）村委会作为农村基层自治组织，承担着下蔡村基础设施的维护工作。

同时，村委会在各项敬老活动的组织中充当了"传声筒"的角色。如，村委会门口的大公告栏中常用于张贴活动预告；村委会还会在办公室放置报纸、杂志，方便老年人阅览交流。正如工作人员所说，"办公室每天都有新报纸，老人们可以自己过来看，或者等下午我们拿出去贴在门口，他们有时间再过来看。"（访谈记录：XCB20220212）

下蔡村的非营利组织以汕头市龙湖区外砂镇下蔡村老年人协会为代表，该协会法人代表表示："当初成立这个协会也是为了村里的老人们能生活得更好。"（访谈记录：XCJ20220213）工作人员在介绍协会的主要工作内容时说："过年了就给大家发点吃的用的，花的是我们自己的钱。"（访谈记录：XCI20220213）在形式上，下蔡村老年人协会以免费发放物资的方式，为老年人送去温暖。最初协会的运营资金主要来自法人代表与其他热心村民的资助，后来通过举办活动，吸引了部分企业资助。

工作人员说："有人来问可不可以用这个活动室搞点活动，组织大家来这里一起写写字、打打牌，我们当然要支持，就把这里借出去了，后续有人带头，活动也就办起来了。"（访谈记录：XCI20220213）可见下蔡村以文体活动为主的养老服务大多依赖群众自发组织而开展。

访谈时工作人员还透露，下蔡村老年人协会还会联合村委会、其他社会组织对患病老年人进行走访慰问，定期举办敬老爱老活动。志愿者还提到："带队的负责人是存心善堂的，她会和老人家属交代日常生活起居需要注意的地方，检查屋里屋外（是否存在安全隐患），我们主要是陪老人家聊聊天。"（访谈记录：XCK20220214）可见，在慰问时会有专人指导家属如何照料患病老年人。

走访中笔者了解到，汕头市下蔡村没有任何一个养老院等专业养老机构，普通护工也非常匮乏。在养老服务供给的企业参与方面，企业行为集中于出资赞助各类活动、建设老年人活动室等，"企业有时候是安排人直接捐钱，有时候是安排人送些东西来，以粮食、零食、饮料为主"（访谈记录：XCJ20220213），"有几个公司来赞助，把这里的桌椅换了一批，又多添置了点。"（访谈记录：XCI20220213）或者表现为企业对其退休职员的定向关心，"前段时间建党七十周年的时候，村委会那边来慰问了一次，我们单位党建办公室还带了人来看了我。"（访谈记录，XCD20220212）

整体而言，汕头市下蔡村的养老服务供给是典型的居家养老模式，提供的是基础性的养老服务。下蔡村养老整体特点：重视家庭养老，但政府及村委会仅提供基础补贴与生活物资；同时，机构养老缺失，企业参与力量单薄，非营利组织重视精神慰藉与以文体活动为主的养老服务供给。

4 汕头市下蔡村多元主体参与养老服务供给存在的问题

4.1 政府与村委会服务形式单一

从访谈中可以看出，汕头市下蔡村村委会与外砂镇政府在养老服务方面，仅保证基础生活物资的供给，服务集中于狭义养老服务中的生活照料，形式单一，内容也单一。显然，这与本文定义的广义养老服务概念不符，同时，也与福利多元主义理论对福利多元的要求背道而驰，不能满足老年人对养老服务的实际需求。

调查发现，即使下蔡村为老年人提供了以文体活动为主的养老服务，但是无论是下蔡村村委会还是外砂镇政府对养老服务供给的积极性依然不足，仅限于提供报纸杂志借阅服务和对活动器材开展维修等，对于区域内可开发的养老服务缺少宣传，也没有相应的配合工作，导致村内老年人对"养老"概念认知不清晰，对于其自身拥有的养老权益知之甚少，不利于老年人安享晚年。

4.2 基础设施建设不完善

在走访期间笔者观察到，下蔡村的公共基础设施比较陈旧，管理员也透露，村口的运动器材是两年前所设，设施已出现肉眼可见的老化。

与此同时，下蔡村相对狭窄的村道、巷子依旧是土路，坑洼不平。据村民介绍，雨天极易积水，村民出行不便，更不要说上了年纪的老人，特别是对于需要借助轮椅、拐杖出行的老人。另外，村内随处可见村民搭建房屋，支撑的竹脚架甚至会延伸到道路上，有部分道路仅剩一人身位的宽度供人步行通过。总之，老年人出行基本安全防护的服务需求还无法得到满足。

除此之外，还有访谈对象反映，下蔡村村民的医疗健康仅仅依靠村里的老中医与远距离的镇人民医院来保障，没有设置正规卫生室，对村民就医造成严重不便。"我们这看病不太方便，没什么正规卫生室。如果我们俩有点不舒服的话，要么去找我们这儿的老中医看，要不就要到镇上去，不然就要去更远的大医院，着急的时候真是耽误事。去年她突然因为高血压晕倒，我肺气肿喘不上气的时候，都是赶紧打电话给我女婿，他来载我们去医院的，我们又没有车，自己去不了。"（访谈记录：XCF20220212）

4.3 养老机构匮乏，企业参与不足

走访中笔者了解到，下蔡村全村范围内没有任何一家如养老院、敬老院之类的正规养老机构。据村民反映，"镇上倒是有，不过听说环境不好，看护人员脾气还差，之前有人去闹着退钱，还能因为什么，老人待着不舒心呗。"（访谈记录：XCB20220212）虽然外砂镇中心区建有养老院，但是该养老院服务质量堪忧，难以充分发挥机构养老生活照料与精神慰藉的基础功能。这就使得具有前往养老机构养老需求的老年人由于客观条件的限制，被迫放弃，退而求其次选择家庭养老，或者极少数老年人选择离开下蔡村另行寻找合适的养老机构养老。

在养老服务供给方面，企业参与甚少。这与协同治理理论下的多元主体参与概念相悖，也与福利多元主义理论多元化福利来源的主张相悖，缺少了养老服务供给的重要一员——企业，这样一来，政府、非营利组织，甚至家庭所需承担的养老服务责任就会变得更重，养老服务供给的质量也会随之降低。

4.4 非营利组织依赖群众

汕头市下蔡村老年人协会过度依赖群众自主性，协会自身作用未能充分发挥，工作人员直言他们没有规范的日常工作标准，更无法自主承办各类活动。

诸多精神慰藉、以文体活动为主的养老服务，虽然在下蔡村老年人协会的场地举办，但实际是群众自发组织的，也就是说下蔡村老年人协会作为一个非营利组织、多元主体参与养老服务供给中的重要一元，其主观能动性未能发挥，自身积极性未能体现，在这种情况下探讨与其他主体合作实现养老服务供给的共同效益最大化，不符合本文对养老服务中多元主体参与的界定。

5 汕头市下蔡村多元主体参与养老服务供给存在问题的成因分析

5.1 政府引导角色诠释不到位

下蔡村养老服务供给现状所呈现出的各类问题整体可归因于"群龙无首"。无论是下蔡村老年人协会，还是群众本身，都希望下蔡村养老服务资源更充足，供给更完善、更有效。

依据协同治理理论，虽然在追求共同目标时，多元主体之间的关系是相互联系与协同合作，但还是需要其中一个主体承担领导者责任，引导其他主体发挥其主观能动性，高效、高质量地处理公共事务。在下蔡村的养老服务供给方面，正需要政府作为这样一个领导者，指挥和引导非营利组织、企业，甚至群众，整合下蔡村养老服务资源，实现有效供给。

通过走访笔者了解到，下蔡村村委会及上级政府，即外砂镇政府，对养老服务供给缺乏引导，没有系统的、指导性的养老服务供给方案和计划，且自身服务形式单一，未能做好带头示范作用，不利于其他主体有效参与村内养老服务的供给，也不利于下蔡村老年人享受养老服务。

5.2 养老服务专业人才缺乏

无论是老年人协会各类活动的举办依赖群众自发自觉，还是村委会局限于生活物资供给的养老服务形式，或是村民混淆护工与保姆的概念，这些现状都是下蔡村缺乏专业养老指导的表现。无论是村委会管理员，还是老年人协会负责人，都真切地表示，"我不知道应该怎么做"，"我不知道我们还能做些什么"（访谈记录：XCB20220212，XCJ20220213），甚至老年人对于理想的养老生活应该包括何种养老服务、他们能够享受到何种程度等问题都不清楚。

由此可知，下蔡村多元主体参与养老服务供给缺乏专业知识指导、科学的理论支撑，导致下蔡村的养老服务供给中，多元主体的责任不明确、参与不积极，多元主体间分工不清楚、存在职能重叠或空缺，对下蔡村养老服务的有效供给造成不利影响。因此，对于下蔡村的养老服务供给，上至由理论到实践的实施方案设计，下至老年人护理，都需要专业人才介入。

5.3　传统思想根深蒂固

在潮汕地区，居家养老的传统根深蒂固，致使机构养老发展十分缓慢。汕头全市范围内截至 2020 年底，共建成公办城市福利院 8 家、民办养老院 2 家、农村敬老院 30 家。而下蔡村，则一个也没有。通过走访调查，结合笔者成长经历，不难理解这种现象。

提及养老机构，人们难以对其有正面评价，甚至对其是有偏见的，"养老院这个确实没有，你也知道我们这里对这个很看不起的，都没听说过谁想去的；要是哪家人要把老人送去那种地方啊，子女要被人说难听话的。"（访谈记录：XCB20220212）。更有老人表示："我是不会去养老院的，人好好的，都不用人伺候，去那儿就是浪费钱啊，没必要，我就算没有和家人住一起，宁可自己住也不想去。"（访谈记录：XCC20220212）深受孝文化与宗亲文化影响，在下蔡村，子女为老人养老是最基本的责任与义务。而在生活中，尤其是以笔者的父辈、祖辈为代表的这两代人，认为子女将父母送去养老院养老不是不孝就是无能。因此，也就不难解释为何在汕头市下蔡村找不到一家养老院了。

5.4　企业参与积极性低

据笔者了解到的情况，下蔡村举办各类敬老爱老活动的主要资金来源是老年人协会，企业赞助很少，且非常依赖协会法人代表自身的号召力与其名下其他公司的响应，资金来源比较单一，长此以往，将对协会负责人与整个老年人协会造成负担。

虽然有部分企业会主动组织老年人慰问活动，但是多数聚焦企业自己的退休职员，相当于是一种企业给予员工的养老福利。这类活动惠及面小，只集中于小部分老年人。总而言之，在下蔡村养老服务供给上，企业参与缺乏积极性，以资金参与为主，且大多与自身利益挂钩，只能服务于小部分老年人。

企业作为养老服务的一个重要供给来源，发挥着不可替代的作用，但在下蔡村，其作用没有得到体现，甚至存在主体缺失的情况。村域范围内缺乏正规养老服务企业，足以说明下蔡村养老服务行业环境吸引力不足，企业参与积极性不足。

6 汕头市下蔡村多元主体参与养老服务供给的优化对策

6.1 政府主动担当领导者

虽然协同治理理论认为，协同治理中的任何一个主体都可以承担领导责任，但在农村养老服务的供给上，其公共性决定了政府毋庸置疑应是协同治理的引导者、各项计划实施的领头羊（汪三贵等，2022）。例如，日本政府购买居家养老服务的主要做法是制度化保障、服务多元化与专业化服务保障（陈祖燕，2017）。据此，对政府提出以下建议：

（1）加大财政投入与优惠政策支持力度

无论是下蔡村的道路修建，还是文体活动器械的维修，甚至其他设施必要的及时翻新，都需要资金支持，政府势必要承担起这份责任。在引导企业、非营利组织积极参与养老服务供给时，尤其在引进相关养老服务企业方面，一定的政策补贴与税收优惠等都是必要的。

除此之外，还要特别注意人工成本的投入。老年人最基础的生活照料需求是护理服务。而 Kajonius PJ（2016）发现，决定护理质量的重要因素是护理人员，而老年人护理的质量主要取决于护理人员的服务态度与服务方法，可见护理人员的重要性。所以，政府不仅需要在基础设施上加大财政投入，还要逐渐扩大对人工成本的补贴范围，例如提供护理人员的就业保障、免费培训等（王震，2018）。只有政府财政支持到位，养老服务供给的各项工作才能落到实处。

（2）县级政府制定完备的工作方案与计划

中央政府、省级政府在出台各项养老服务政策时，内容具有方向性、概括性的特征，这就需要县级政府依据上级发布的政策，科学制定具体的、可操作的养老服务供给工作方案，以保证养老服务供给的有序进行（刘二鹏等，2022）。

正如前文所说，无论是村委会，还是下蔡村老年人协会，甚至是老年人群众，都希望村内的养老服务资源更充足，供给更完善、更有效，这就需要一套完整的工作方案和计划指导，有了明确的方向和引导，企业、非营利组织等多元主体才能更好地协同合作，提高养老服务供给的效率与质量。

（3）村委会重视养老服务工作开展

村委会作为基层自治组织，深入群众之中，更应该重视群众需求，重视养老服务这项工作的落实。村委会是实施县级政府制定的养老服务工作方案与计划的排头兵，是检验其可行性的监督员。

另外，村委会的工作人员日日与村民相伴，能够更好地收集民意，替群众发声，向乡镇政府乃至更上一级政府表达本村老年人的养老服务需求。

在日常工作中，村委会还需要加强对各类养老服务政策的宣传，搜集更多养老服务资源并告知群众如何利用，惠及更多村民。例如龙湖区"呼援通"服务[①]等，向老年人做好各种养老服务的宣传，为老年人办实事。

(4) 承担监管责任

政府在养老服务中的监管作用将直接影响养老服务的有效运行（张文玲，2022）。政府的有力监管，可以保证多元主体参与养老服务供给的各个环节有序进行，包括制定规章制度约束各主体工作；还可以保证有限养老服务资源的有效供给，合理配置区域内养老服务资源。

6.2 企业积极参与强化优势

在养老服务的供给中，相比较政府与非营利组织，企业更灵活、更高效，其在老年人个性化养老服务的提供方面有明显的优势，是推动养老服务产业发展的主要力量（刘二鹏等，2022）。

养老服务不是政府一方的责任，也不是与企业无关的纯公共物品，而是与企业息息相关，需要企业投身其中积极参与的一项公共事务。在相关领域，企业应积极响应政策进驻下蔡村，各企业切实履行社会责任，全力推动下蔡村养老服务产业与服务质量的发展，企业，尤其是养老服务行业的企业需要做到以下两点：

第一，加强企业内部管理。只有构建自律规范体系、健全自我监督与奖惩机制、定期组织财务等信息的公开，才能强化企业参与养老服务的实践能力，在自我规范过程中实现自我约束，挖掘企业长久发展潜力（张婷，2020）。

第二，提供多样化养老服务。企业实现自身发展，需要以消费者的需求为导向。中国社会保障学会会长郑功成在《中国养老服务发展报告（2021）》点评暨养老服务创新与发展座谈会上指出，针对我国养老服务行业的复杂性问题，需要在坚持普惠公平的原则下，以尊重老年人意愿为出发点，满足有需要老年人的真正需求为目标[②]。换言之，养老服务企业需要创新自身发展理念，积极通过市场调查等方式深入了解老年人对养老服务的真实需求，从老年人的视角出发，设计出更加丰富多样、贴合实际需求的养老服务，还可以发展定制化、个性化的养老服务以满足老年人群体更高层次的需求。

---

① 龙湖区"呼援通"服务是指龙湖区投入了约 1 000 万元，组建了一支由 300 多名义工组成的志愿服务队伍，以满足全区 1.3 万多名 75 周岁以上老年人紧急服务、物业维修、生活照料、护理保健、信息指导等养老需求的服务模式。

② 资料来源：中国养老网。

6.3 非营利组织完善自身建设

6.3.1 设计组织规章制度体系

通过访谈可以了解到，下蔡村唯一的本村非营利组织——下蔡村老年人协会，缺乏完整的组织架构，专业人员稀缺，亟须改进。因此，下蔡村老年人协会应该尽快设计并完善自身规章制度，如人事任免、奖惩制度，组织内部管理制度等。

只有组织内部建立起完善的规章制度，自上而下、大小事务均依规管理，下蔡村老年人协会才能吸引相关专业人士加入，才能欣欣向荣、保持持久活力，才能更好地承担其在养老服务供给中的责任，更好地为下蔡村的老年人服务。

6.3.2 制定人才甄别与发展机制

通过访谈我们还发现，下蔡村老年人协会缺乏专业人才。非营利组织的工作人员，需要具备强烈的使命感和无私的奉献精神；在能力上，需要具备充足的知识储备和熟练的专业技能（宋雪飞等，2017）。因此下蔡村老年人协会需要制定适合自身的人才甄别与发展机制，挖掘自身优势，吸纳高素质专业人才。

只有建立了完善的制度规章体系和人才甄别与发展机制，老年人协会才能作为重要主体参与下蔡村的养老服务供给，为下蔡村的养老服务资源整合与分配提供有力支撑。

7 结论

多元主体参与，使传统以政府与家庭为农村养老服务供给责任主体转变为政府与社会力量共同合作，是应对农村人口老龄化严峻形势的必然要求，也是缓解农村养老服务资源短缺的有效方法。但是，多元主体参与农村养老服务供给也是一种需要多方各司其职、各尽其能的协调性合作方式，在政府与企业之间、政府与非营利组织之间、企业与非营利组织之间的协同合作中，依然会出现诸如服务效果不良、责任界定不明晰、资金不足等问题。

在汕头市下蔡村多元主体参与养老服务供给的研究中，以福利多元主义理论等理论基础为支撑，本文涵盖了研究背景及意义的阐述、对文献的梳理及对养老服务等相关概念的界定。通过实地走访汕头市下蔡村，笔者探明多元主体参与养老服务供给的现状，并提出存在问题，分析导致这些问题的可能原因，最后提出相应的改进建议，以促进汕头市下蔡村多元主体更好地参与养老服务，实现养老服务的有效供给，增进老年人福祉。

通过本次研究，笔者发现，在汕头市下蔡村多元主体参与养老服务供给中，存在服务形式、服务内容单一，基础设施不完善，缺乏养老机构，企业参与不足，非营利组织依赖群众的问题。经过分析笔者认为，政府应主动发挥主导作用，通过加大财政投入与各项优惠政策力度、县级政府制定完备工作方案与计划、村委会重视养老服务工作开展等手段引导其他主体积极参与下蔡村养老服务供给；而企业要通过加强内部管理、提供多样化养老服务等方式强化自身优势，积极参与；非营利组织需要设计组织规章制度体系、制定人才甄别与发展机制，完善自身建设，发挥其在下蔡村养老服务供给中的重要作用。

此次研究仍存在不足之处：考虑到研究对象——汕头市下蔡村村域范围较小，当地老年人口数量有限，以及当地老年人几乎只能使用方言沟通等多方因素，研究仅采用了深入访谈法，未能使用问卷调查以实现科学的量化分析。又因为访谈恰逢春节期间，难以实际观察到下蔡村的日常活动，仅凭受访谈者讲述，客观性恐有不足。另外，受笔者理解能力所限，对于访谈资料的翻译整理可能与访谈对象主观表达存在一定偏差。

──────── 参 考 文 献 ────────

陈蕾，2015. 非营利组织参与社会化养老服务问题研究 [D]. 北京：中共中央党校.

陈祖燕，2017. 政府购买居家养老服务研究 [D]. 苏州：苏州大学.

邓丹，2021. 多元主体参与视角下社区居家养老服务问题研究 [D]. 咸阳：西北农林科技大学.

康蕊，王震，吕学静，2022. 社会资本参与增强了养老服务供给的公平性吗？基于北京市的实证研究 [J]. 社会保障研究 (3)：29-45.

李兵兵，2021. 社会企业参与农村居家养老服务供给的路径研究 [D]. 长春：吉林大学.

李汉卿，2014. 协同治理理论探析 [J]. 理论月刊 (1)：138-142.

李兆友，郑吉友，2016. 我国农村社区居家养老服务协同供给探析 [J]. 东北大学学报（社会科学版），18 (6)：616-621.

刘二鹏，韩天阔，乐章，2022. 县域统筹视角下农村多层次养老服务体系建设研究 [J]. 农业经济问题 (7)：133-142.

刘金华，2009. 基于老年生活质量的中国养老模式选择研究 [D]. 成都：西南财经大学.

刘小红，2021. 赣南苏区农村养老服务供给主体和供给内容研究 [D]. 南昌：华东交通大学.

刘宇，唐亚阳，2018. 农村养老服务供给困境与出路：基于供给侧结构性改革视角 [J]. 当代经济研究 (6)：80-86.

任慧颖，2022. 应急志愿服务的多主体─全过程联动研究：基于公共危机协同治理理论的视角 [J]. 理论学刊 (1)：152-160.

萨拉蒙，2008. 公共服务中的伙伴：现代福利国家中政府与非营利组织的关系 [M]. 北京：商务印书馆：42-45，99-102.

宋雪飞，周军，李放，2017. 非营利组织居家养老服务供给：模式、效用及策略：基于南京市的案例分析［J］. 南京大学学报（哲学·人文科学·社会科学），54（2）：145-156.

汪三贵，张梓煜，2022. 协同赋能：农村失能老人养老服务供给研究［J］. 湖南农业大学学报（社会科学版），23（1）：9-15.

汪素，2021. 萧县公共文化服务体系建设中多元主体参与困境与对策研究［D］. 咸阳：西北农林科技大学.

王浩林，程皎皎，2018. 人口"空心化"与农村养老服务多元供给困境研究［J］. 河海大学学报（哲学社会科学版），20（1）：17-24，89-90.

王雪辉，彭聪，2020. 农村社会养老服务供给水平研究［J］. 华南农业大学学报（社会科学版），19（1）：117-128.

王震，2018. 居家社区养老服务供给的政策分析及治理模式重构［J］. 探索（6）：116-126.

魏凯霞，2020. 乡村振兴战略实施背景下农村养老服务体系建设路径研究［D］. 湘潭：湘潭大学.

伍婉华，苏日娜，王蕾，2022. 协同治理理论视角下非遗档案管理研究［J］. 图书馆建设（1）：33-43，45.

席恒，任行，翟绍果，2014. 智慧养老：以信息化技术创新养老服务［J］. 老龄科学研究，2（7）：12-20.

杨勇刚，2017. 供给侧视角下的农村养老服务发展策略［J］. 河北大学学报（哲学社会科学版），42（6）：128-137.

张昊，2020. 智慧养老视域下中国养老服务体系的优化路径研究［D］. 长春：吉林大学.

张民省，2008. 老龄化趋势下中国养老模式的转变与创新［J］. 山西大学学报（哲学社会科学版）（3）：117-122.

张婷，2020. 社会企业参与养老服务实践的路径研究［D］. 上海：华东政法大学.

张文玲，2022. 我国养老服务社会化供给中政府角色初探［J］. 中国市场（4）：64-65.

赵艳，2021. 健康老龄化背景下我国农村养老服务供给多元合作模式研究［D］. 呼和浩特：内蒙古农业大学.

BRINKERHOFF J M，BRINKERHOF D W，2002. Government Of nonprofit relations in Comparative Perspective：Evolution，Themes and New Directions［J］. Public Administration and Development（22）：15-16.

KAJONIUS PJ，KAZEMI A，2016. Structure and process quality as predictors of satisfaction with elderly care［J］. Health Social Care Community，24（6）：699-707.

RICHARD A，1986. Lusky，Anticipating the needs of the U. S. aged in the 21st century：Dilemmas in epidemiology，gerontology，and public policy［J］. Social Science & Medicine，23（12）：1217-1227.

SHULMAN D，GALANTER R，2010. Reorganizing the Nursing Home Industry：A Proposal［J］. The Mibank Memorial Fund Quarterly，Health and Society（54-55）：129-143.

医养结合养老服务的模式及发展困境研究
——以东莞市为例

简美婷　马颖颖

1　绪论

1.1　研究背景

"十四五"期间是我国从轻度老龄化向重度老龄化转变的关键时期，随着我国人口老龄化程度的不断加深，传统的居家养老已经不适应当前老龄化社会的发展趋势。作为新型养老服务模式，医养结合养老服务逐渐进入人们的生活。

2013年9月，国务院印发了《国务院关于加快发展养老服务业的若干意见》（国发〔2013〕35号），明确提出发展医养结合养老服务。2015年，国家卫健委公布了全国第一批、第二批全国医养结合试点单位，遴选了90多个市（区）作为国家级医养结合试点单位开展试点工作。2017年，党的十九大报告指出，要积极实施健康中国战略，积极应对人口老龄化、推进医养结合，促进老龄事业与产业的发展。2019年10月，国务院印发了《关于深入推进医养结合发展的若干意见》[①]，明确提出了进一步发展医养结合养老服务的对策，强调推进医养结合发展，着力提升医养结合养老服务质量。经过了多年实践，各地结合实际情况，深入开展医养结合工作，探索出多种医养结合养老服务模式，形成了区域医养结合特色，并取得不错的成效。

究竟什么是医养结合养老服务？我国的医养结合养老服务又有哪几种模式？目前，医养结合养老服务模式面临着怎样的困境？未来应当如何解决现有问题，并进一步推进相关工作？针对以上问题，本文以医养结合试点地区东莞市为例，通过实地调研、文献研究等方法，分析开展医养结合养老服务的必要

---

① 国务院．关于深入推进医养结合发展的若干意见［EB/OL］．（2019－10－26）［2022－03－24］．http://www.gov.cn/xinwen/2019－10/26/content_5445271.htm.

性，对东莞市医养结合养老服务模式发展实践情况进行分析，总结其困境并规划未来的发展路径。

1.2 研究意义

1.2.1 理论意义

有利于拓展医养结合养老服务的研究视角和研究思路。阐述我国医养结合养老服务的必要性，以东莞市医养结合养老服务模式为切入点，整理东莞市现存医养结合养老服务模式的实践成果，为医养结合养老服务模式的路径探讨提供新视角。

有利于明确医养结合的定义和发展模式，丰富医养结合养老服务的理论研究。本文通过实地调研和文献研究的方法，总结了医养结合的定义及现存发展模式，一定程度上更清晰界定了医养结合的基本内涵、发展模式。

1.2.2 实践意义

对其他地区开展医养结合建设提供参考，对进一步探讨更科学、完善的医养结合养老服务模式有一定的借鉴意义。目前我国医养结合试点地区已经开始相关实践，并取得不错成效。本文通过整理东莞市医养结合工作的方案，介绍不同模式下医养结合养老服务工作的发展成果，为今后医养结合工作提供经验借鉴，进一步推动医养结合养老服务建设改革。

有助于了解医养结合服务模式现存的困境，有针对性地提出解决对策。目前我国医养结合建设处于初步发展阶段，仍有许多问题亟须解决。从东莞市工作情况出发，通过了解东莞市医养结合养老服务模式存在的问题，提出相应解决路径，打破发展瓶颈。

1.3 研究方法及技术路线

（1）文献研究法：笔者广泛研读医养结合养老服务的相关文献，其中重点评述关于医养结合定义、模式以及目前发展困境的相关研究，并梳理我国医养结合养老服务建设的相关政策文件。

（2）实地调研法：笔者前往东莞市医养结合示范单位进行实地调研，了解实践情况，获取相关发展数据，评估东莞市医养结合养老服务各模式实施效果。

（3）专家访谈法：笔者与东莞市卫生局专家、医养健康协会会长以及相关护理院负责人开展访谈，了解目前医养行业发展成效，并对本研究进行指导。

（4）技术路线（图1）。

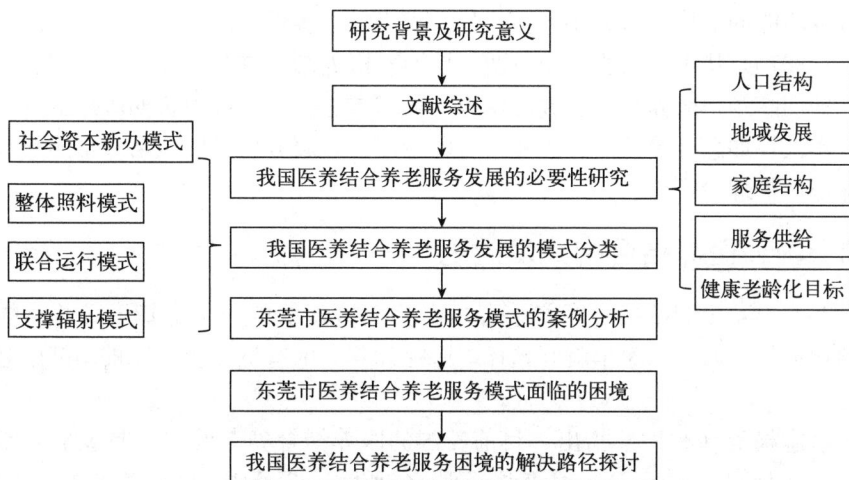

图 1　技术路线

2　文献综述

2.1　医养结合的定义

2011 年《中国老龄事业发展"十二五"规划》中首次提出,"政府要投资、鼓励社会资本兴办具有长期医疗护理、康复促进、临终关怀等功能的养老机构。"[1] 2013 年国务院发布了《国务院关于加快发展养老服务业的若干意见》(国发〔2013〕35 号),首次提出"医养结合"[2]。关于医养结合的定义,不同的专家学者意见不一。有学者认为医养结合养老服务主要侧重于养老方面,在提升养老质量的基础上完善疾病诊疗、大病康复、临终关怀等医疗服务质量(王素英等,2013)。有学者指出,医养结合是对养老服务的拓展,不同于传统支持基本生活需求的养老服务,医养结合更加强调老年人健康医疗服务的重要性(张旭,2014)。张巍等(2020)认为医养结合是一种新型养老服务模式,包含医疗、康复、保健、护理、养老、生活照料和康复关怀。还有学者将老年人养生纳入医养结合内容中,强调对养老机构和医疗机构进行功能整合(马丽丽等,2016)。耿爱生(2015)也提到,医养结合主要是养老机构和卫生服务

---

[1]　国务院. 中国老龄事业发展"十二五"规划 [EB/OL]. (2011 - 09 - 23) [2022 - 03 - 24]. http://www. gov. cn/zwgk/2011 - 09/23/content _ 1954782. htm.

[2]　国务院. 关于加快发展养老服务业的若干意见 [EB/OL]. (2013 - 09 - 06) [2022 - 03 - 24]. http://www. gov. cn/xxgk/pub/govpublic/mrlm/201309/t20130913 _ 66389. html.

机构的整合。邓大松等（2018）认为，医养结合要将养老和医疗资源整合，促进服务功能的衔接，从老年人多元化需求出发，实现"医、护、养"协同。刘稳等（2015）从供给与服务项目两个层面对医养结合进行了界定，医院、养老院、护理院等是医养结合服务的供方，需求方主要是依赖中长期医疗卫生服务的老年人，如患有慢性病、失能失智的老年人，服务项目则包括日常照料、康复保健、护理治疗等。

2.2 国外医养结合模式发展现状

2000 年，WHO 指出医养结合是由长期护理发展而来。基于日益严峻的老龄化形势，西方国家早就开始探寻医疗和养老的有机结合，以推动健康老龄化发展。

郝志梅等（2019）指出，目前美国的医养结合养老模式主要包括老年人全包服务项目（PACE）、养老居所服务项目（CHSP）和家庭与社区服务（HCBS），三者的服务对象标准各不相同。其中最具代表性的是"PACE"，即 20 世纪 70 年代的综合性老年人健康护理计划，是由美国政府主导的一种长期护理模式和社区养老模式（Mui，2001）。该项目主要针对机构养老中的失能、半失能老人以及达到特定年龄而需要医疗照料的社区老人（Chatter et al.，1998）。PACE 中心为入住老年人提供疾病预防、医疗救护、康复和社会支持服务（杜词等，2019），服务内容包括门诊护理、住院长期护理、基于社区的长期护理等（Evashwick，2005），涵盖养老和医疗基本需求。

1990 年，英国颁布《国家健康服务与社区照顾法案》，鼓励社区照顾系统的发展，社区提供日间照顾、上门护理服务。在进一步深化医养结合工作中，政府与全民医疗服务体系（NHS）合作，形成医疗照顾和社会照顾服务融合的整合照顾（赵晓芳，2017）。整合照顾分为社区内照顾和由社区照顾，主要为社区内老年人提供生活照料、医疗保健等服务（Powell，2012）。杨婷婷等（2021）认为，英国以"社区照料"为主的"整合照料"模式，促进了双向转诊，实现了医疗资源整合利用。

作为全球老龄人口占比最高、人均寿命最长的国家，日本密切关注老龄化发展，颁布了相关老年人养老与健康事业的法案，如 1963 年出台《老年人福祉法》（伟松，2019）；1989 年启动"黄金计划"等，为日本长期照护服务体系构建奠定了坚实基础（李佳等，2019）。2014 年，日本在原有制度基础上探索出了"医养结合"社区养老模式，提出要推动"地域医疗服务体系"和"社区综合护理体系"的协同发展（朱文佩等，2022）。日本政府致力于建立"以社区为基础的综合护理系统"，（Sudo et al.，2018），并计划到 2025 年建立

"以社区为基础的综合医疗体系"，全面保障医疗、护理等服务，以便实施和改进以社区为基础的综合护理（Song et al.，2019）。在体制建设的基础上，日本于 2000 年颁布实施《介护保险法》，对符合规定的老年人提供养老保障。

王林等（2017）指出，加拿大在探索适应老龄化发展过程中借鉴了美国 PACE 模型，形成了具备特色的系统和计划。老年人综合护理系统（SIPA），旨在维护和促进老人的自主权、整合医疗与社会服务体系（Stewart，et al.，2013），是一项基于社区的综合护理系统，包含机构和社区服务（罗婧等，2019）。除了 SIPA，加拿大还实行了自主功能维护综合服务研究计划（PRIS-MA），该计划在社区服务中心和老年人综合护理系统的基础上发展起来，针对特定老年人群，提供家庭护理、康复、医疗等服务（Hébert et al.，2010）。加拿大致力于形成多层次、高质量、广覆盖的机构养老体系优势，推动"养老机构—社区—家庭"模式发展，提供近距离多元化养老服务（贺坤等，2021）。

2.3 医养结合模式划分

自卫计委颁布第一批[①]和第二批[②]国家级医养结合试点单位以来，各地市结合实际情况，积极探索适用于本地区的医养结合模式。而不同学者对于医养结合的模式有不同的分类法。阳义南（2021）指出，医养结合的方式包括"养办医""医办养"和"医养合作"三种模式，其中养老机构开展服务是目前国家推进医养结合的主要途径。"养办医"主要指在养老院内设医务室、护理站等；"医办养"主要指在医疗机构内设养老病床和康复护理区等；"医养合作"指机构间签订合作协议，形成定点对口服务单位（张巍等，2020）。

基于嵌入性理论中的结构性嵌入和关系性嵌入原理，刘清发等（2014）总结出三种医养结合健康养老模式，即医养结合科层组织模式、医养结合契约模式、医养结合网络模式。王素英等（2013）、孟颖颖（2016）提出了三种模式，分别为整体照料模式，即单一机构提供医养服务；联合运行模式，即一家或多家养老和医疗机构合作提供医养服务；支撑辐射模式，即医疗机构或社区卫生服务机构与社区养老服务中心合作提供医养服务。庞庆泉（2021）提出四种模式，分别为内设模式，即养老机构增设医疗服务；转化模式，即医疗机构开展养老服务；合作模式，即医疗和养老机构协议合作；输入模式，即医养结合进社区和家庭，通过家庭医生提供社区上门服务。此外，医养结合模式还包括成

---

① 国务院．关于确定第一批国家级医养结合试点单位的通知［EB/OL］．(2016 - 06 - 22)［2022 - 03 - 24］．http：//www.gov.cn/xinwen/2016 - 06/22/content_5084357.htm.

② 国务院．关于确定第二批国家级医养结合试点单位的通知［EB/OL］．(2016 - 09 - 23)［2022 - 03 - 24］．http：//www.gov.cn/xinwen/2016 - 09/23/content_5110943.htm.

立区域老年医养协作联盟以实现整体联动（邓大松等，2018），以及过剩公立医院资源整合为医养结合机构（张旭，2014），如老年病专科医院、老年康复院和护理院等（廖芮等，2017）。

2.4 医养结合目前面临的困境

王浦劬等（2018）以博弈论为基础，提出我国医养结合存在科层组织架构的体制困境、医疗与养老资源整合困境、缺少有效的激励机制以及医养结合运行机制困境等。邓大松等（2018）用演进悖论来分析医养结合的供给瓶颈和需求困境：在供给层面，管理部门难以实现政策协同，资金投入有限，社会参与度不足，机构定位错误，专业人才队伍缺乏；在需求层面，收费标准高，支付能力有限，有效需求不足，需求层次递进，市场匹配度不高。李长远等（2020）提出，目前各地仍处于探索阶段，医养结合的政策体系尚未完善，存在向社区和家庭延伸不充分的问题。符琳琳（2016）认为，目前我国医养结合养老模式政策落实不到位，医保定点覆盖率有待提升，还存在养老机构违规操作、"套保"风险（孟颖颖，2016）、医疗和养老信息共享不足（李萌等，2021）的问题。在发展过程中，还面临着人口老龄化形势严峻、医疗卫生和养老体系衔接不到位、商业医疗保险发展不足的问题（郑玥，2019）。

2.5 评述

综上所述，我国医养结合养老服务尚处于探索发展阶段，本文结合国家政策，提炼政策意见，将医养结合定义为集"医、养、康、护、宁"为一体的养老服务方式，服务对象是我国的老年人群体，但主要针对的是生活不能自理的失能半失能老年人，以及患有慢性病等需要生活照顾和康复护理的老年人。有别于传统的以基本生活照料为主的养老服务，医养结合养老服务强调养老和医疗资源的整合，注重将医疗、养老、康复、护理、安宁疗护融为一体，是目前我国正提倡发展的一种创新型养老服务模式。

通过文献综述可知，目前我国关于医养结合养老服务模式的研究都是围绕模式探讨以及医养结合养老服务困境展开，缺乏针对各模式在实践中存在问题的研究。因此本文针对目前我国医养结合各模式的实践情况，分析在具体实践中存在的问题和困境，并基于此提出相应的解决路径。

3 医养结合养老服务发展的必要性研究

3.1 人口结构：老龄化发展的需要

虽然近年来我国人口出生率逐年下降，但随着人口平均预期寿命的延长，老年人口数量增多，老龄化率不断增高。国家统计局资料显示，2021 年全国出生人口数为 1 062 万人，比 2020 年减少 140 万人，出生率为 7.52‰。全国总人口数仅增加 48 万人，人口年平均增长率出现下降趋势[①]。虽然人口总量仍保持增长态势，但出生率持续下降，人口增长速度放缓。就人口平均预期寿命而言，老年人口整体呈现高龄化发展趋势，随着社会生活水平提高、医疗技术进步、生活环境改善、社会保障事业发展等，2020 年人均预期寿命提高至77.9 岁[②]。就老年人口来看，第七次全国人口普查数据显示，我国 60 岁及以上人口占总人口的 28.7%，占比较第六次全国人口普查数据上升 5.4 个百分点。65 岁及以上人口占总人口的 13.5%，占比上升 4.6 个百分点[③]。由此可见，我国人口老龄化趋势日益严重，未来必须把养老服务置于更重要的层面，进一步统筹养老事业发展。

3.2　地域发展：缓解人口结构压力的需要

从空间上看，我国部分省市人口流出率高，加之持续低走的出生率，导致地区老龄化程度加剧，家庭空巢化严重。基于自然环境、社会经济以及政治等因素，我国人口迁移流动变化大。就全国层面而言，表现为广东、浙江两省的净流入人口数持续领跑，在省内层面，人口持续向核心城市集中（刘明等，2020），形成了以胡焕庸线为基础的人口发展区域均衡大格局（吴瑞君等，2022）。在第七次人口普查数据中，人口净流出省份多达 17 个（表 1），其中净流出最多的省份为河南、安徽，流出人口均超过 1 000 万。在迁移人口中，主要的流动人群为青壮年，导致这些省份面临人口大量流出且优质劳动力资源流失的同时，人口红利消失，空巢老人和失独老人增多，老年人口抚养比上升，社会养老负担进一步加重。因此，养老是未来国家发展重中之重的社会问题，推进社会养老建设刻不容缓。

表 1　第七次全国人口普查人口净流出情况

单位：万人

地　　区	2020 年常住人口	2019 年户籍人口	净流出人口
河南	9 936	11 485	1 549

---

① 中国统计局 . 2021 年中国统计年鉴［EB/OL］. （2021 - 09 - 18）［2022 - 03 - 28］. http://www.stats.gov.cn/tjsj/ndsj/2021/indexch.htm.

② 国务院 . 十五部门印发《"十四五"健康老龄化规划》［EB/OL］. （2022 - 03 - 01）［2022 - 03 - 24］. http://www.mca.gov.cn/article/xw/mtbd/202203/20220300039974.shtml.

③ 中国统计局 . 第七次全国人口普查公报［EB/OL］. （2021 - 05 - 13）［2022 - 03 - 28］. http://www.gov.cn/guoqing/2021 - 05/13/content_5606149.htm.

（续）

地 区	2020年常住人口	2019年户籍人口	净流出人口
安徽	6 102	7 119	1 017
四川	8 367	9 100	733
贵州	3 856	4 571	715
广西	5 012	5 695	683
湖南	6 644	7 319	675
江西	4 518	5 039	521
湖北	5 775	6 177	402
黑龙江	3 185	3 554	369
河北	7 461	7 763	302
甘肃	2 501	2 783	282
重庆	3 205	3 416	211
吉林	2 407	2 601	194
陕西	3 952	4 051	99
云南	4 720	4 792	72
山西	3 491	3 539	48
内蒙古	2 404	2 442	38

3.3 家庭结构：减轻家庭养老负担的需要

从家庭结构上看，政策演变导致我国家庭结构不断变迁，未来人们的养老压力将持续上升。受到传统观念的影响，我国的养老模式主要以家庭养老为主，以社区和机构养老为辅，形成了"9064"和"9073"养老服务模式。生育政策在特定时期下的推行、社会进步与转型所衍生出来的未来家庭模式的更新，导致人口和家庭结构不断调整。未来我国家庭结构将从原先的"2＋1"模式演变为"4＋2＋3"模式，这意味着中青年群体要面临同时赡养 4 名老人以及抚养 3 名子女的情况。一旦老人因患病需要救治，高额的医疗费用以及高护理需求将会给家庭带来巨大负担，加之老年人的康复护理有着较强的专业性，传统的家庭养老模式难以满足居家养老老年人的养老和护理需求，需要政府提供相应的服务和帮助。因此，未来的养老服务格局需要政府进行统筹设计，尽可能减轻中青年人的家庭负担，并让老年人享受到充分的医疗护理保障。

3.4 服务供给：促进养老和医疗服务供需平衡的需要

从服务供给上看，我国患慢性病老年人的数量不断上升、失能半失能群体规模不断扩大，社会对养老护理需求与日俱增，但作为"银色产业"，养老产业发展起步晚，供给不足。国家统计局数据显示，我国患有慢性病的老年人口已经突破 1.5 亿，占老年人口总数的 57%。2019 年发布的《健康管理蓝皮书：中国健康管理与健康产业发展报告（2018）》指出，我国慢性病发病人数在 3 亿左右（武留信，2018）。而 2015 年第四次中国城乡老年人生活状况抽样调查数据显示，在全国 2.22 亿老年人中，失能半失能老年人口数量 4 063 万，占老年人口的 18.3%①（央广网，2016）。一方面，随着老龄化程度的加深，我国养老市场广阔，但养老护理压力加剧。另一方面，我国养老服务产业处于初步发展阶段，存在着政策不健全、体制不完善、专业人才缺失、配套设施不齐全等问题（王浦劬等，2018；邓大松等，2018）。截至 2015 年底，我国 358.1 万张养老机构床位中，年末收住老年人 214.7 万人，接收的失能半失能老人仅 63.7 万人，占总体收住人数的 29.7%，护理型床位依旧不足，全国仅有 30 万养老护理人员，护理人员严重缺乏。② 养老服务质量提升不是一朝一夕就能实现的，需要政府有关部门进行提前布局，做好规划预测，减轻"未富先老"和"未备先老"所带来的压力。

3.5 健康老龄化目标：契合新时代养老观念的需要

20 世纪 90 年代末，世界卫生组织提出"健康老龄化"的战略目标，即以老年人的健康为目标，延长老年人寿命，改善其生理、心理和社会功能，降低其患病、失能风险，确保他们有尊严且健康地安度晚年（邓大松等，2018）。在 1995 年的中国老年医疗保健与社会发展研讨会上，邬沧萍教授也明确提出"健康老龄化"的六大要点，其中健康老龄化的目标是实现老年人口的健康长寿，核心是寿命质量的提高（耿爱生，2015）。2022 年发布的《"十四五"健康老龄化规划》也提出了"十四五"时期健康老龄化工作重点部署的 9 项任务，提到需要继续深入推进医养结合发展③。因此，国家正朝着

① 央广网. 第四次中国城乡老年人生活状况抽样调查成果发布 [EB/OL]. (2016-10-10) [2022-03-24]. http://old.cnr.cn/2016csy/gundong/20161010/t20161010_523186698.shtml.

② 人民网. 从第四次全国城乡老年人生活状况抽样调查数据看养老服务业发展五大趋势 [EB/OL]. (2016-10-17) [2022-03-24]. http://gongyi.people.com.cn/n1/2016/1017/c152511-28785395.html.

③ 国务院. 十五部门印发《"十四五"健康老龄化规划》[EB/OL]. (2022-03-01) [2022-03-24]. http://www.mca.gov.cn/article/xw/mtbd/202203/20220300039974.shtml.

健康老龄化的目标不断前进，致力于老年人安享健康、拥有有保障的晚年生活。医养结合通过对医疗和养老资源进行整合优化，为老年人提供更多的康复护理及医疗服务，以满足老年人群体的健康养老需求。

在当前背景下，传统而单一的养老模式已无法很好地满足老年人的养老需求，亟须建立起融合养老、医疗保健、康复护理等功能于一体的新型养老服务模式。近年来，医养结合养老服务进入了人们的视野，我国也采取了相应措施推动医养结合养老服务建设，通过整合医疗资源与养老资源，满足老年人多元化的养老服务需求。

4 医养结合养老服务发展的模式分类

关于医养结合的模式划分，根据对业内成果的总结归纳以及实地调研，结合我国颁布的《关于推进医疗卫生与养老服务相结合的指导意见》①，笔者将目前的医养结合养老服务分为四种模式，分别为社会资本新办模式、整体照料模式、联合运行模式、支撑辐射模式，其中整体照料模式依据实施主体的不同分为医中有养和养中有医。前三种是机构层面的医养结合，第四种是社区居家层面的医养结合。就医疗和养老的结合紧密程度而言，结合最为紧密的是社会资本新办模式，其次分别是整体照料模式、联合运行模式和支撑辐射模式（表2）。

表2 我国医养结合养老服务模式

分 类	主要主体	形 式
社会资本新办模式	大型民营医疗、养老机构；优抚医院；老年病医院	新办医养结合机构；医疗转型机构
整体照料模式（医中有养）	规模较大的医疗机构	医疗机构增设养老病房；医疗机构增设养老护理床位；医疗机构增设老年康复区；医疗机构增设养老专区
整体照料模式（养中有医）	规模较大的养老院、敬老院	养老机构内设医疗机构；养老机构增设医疗护理床位；养老机构增设医务室
联合运行模式	中小型养老机构和医疗机构，如社区卫生服务站、敬老院	签订协议进行合作互助；成立医联体

① 国务院.关于推进医疗卫生与养老服务相结合的指导意见［EB/OL］.(2015-11-18)［2022-03-24］.http://www.gov.cn/zhengce/content/2015-11/20/content_10328.htm.

（续）

分　类	主要主体	形　式
支撑辐射模式	社区卫生服务中心、服务站或社区医疗机构	设立日间照料中心；实行家庭医生签约模式；设立家庭病床、上门巡诊

4.1　社会资本新办模式

社会资本新办模式，是指政府与市场以民营化、特许经营、公私合作的方式，将公共服务市场化、社会化建立的新建医养结合机构。不同于其他模式，该模式是唯一以新建机构而不是服务合作或服务互助的形式来实现医养结合。作为医养结合的最高结合层次，新建的医养结合机构，需要向民政部门备案，在卫健部门注册，并申请医保定点证，是较为符合医养结合一体化建设标准的、规范和高质的医养结合养老服务模式。目前国内新建的医养结合机构主体包括：大型民营养老集团申办的医养结合机构、大型民营医疗集团申办的医养结合机构、军抚医院和老年病医院等转型的医养结合机构。

该模式具备以下优点：一方面，能够减轻政府的财政支出和公共服务负担，充分调动市场和社会力量，由于新建医养结合机构会获得一定的政策支持，也可以降低社会企业的投资风险，增加运营利润，提升服务效益。通过集结政府、市场和社会各界力量，引入雄厚社会资本和先进的医疗养老技术，为老年人提供优质服务，打造医养结合新模式。另一方面，作为新建的医养结合机构，配套基础设施完善、专业化水平高、便于医疗和养老服务的接续（刘文心等，2021），同时，还可以满足不同收入老年人群体的养老服务需求，有效解决供需矛盾（景思霞，2014）。但是由于相关法律规范还未出台，该模式缺乏一定的运营监管，且存在性质界定困难、盈利方式不明确等问题（佘瑞芳等，2016）。

4.2　整体照料模式

整体照料模式，是较为紧凑的医养结合模式，主要表现为医疗和养老功能的整合。依照主体的不同，整体照料模式分为医中有养模式和养中有医模式。医中有养主要指在有条件的医疗机构增设养老病房、养老护理床位、老年康复区、养老专区等，以规模较大的医疗机构为主体，通过设立老年病房、老年护理专区等方式，为医院已治愈而待康复的老年人提供护理、照顾、医疗、康复等全方位服务。养中有医模式主要指在养老机构内设医疗机构、医疗护理床位、医务室等，或是将养老机构内设医疗卫生机构纳入医联体管理。养中有医的服务主体主要是规模较大的养老院、敬老院等，通过政府投资和社会力量进行建设，使养老机构内增设医疗服务。该模式能够为老年人提供基本的医疗健康服务以及养老服务，实现养老、医疗、护理、康复一体化。

该模式具备以下优点：首先，能够整合医疗资源，为患病老年人提供更为专业、先进、持续的医疗服务，避免老年人辗转于家庭、养老机构和医疗机构。其次，能够节约公共资源，老年人在生病时能够立即从护理床位转向医疗床位进行救治，在康复期则转至养老床位进行康养和护理，避免医疗床位的占用，在获得优质服务的同时节约公共资源（刘稳等，2015）。再次，该模式下老年人无需长期住院，在一定程度上能够减少医疗费用，降低治疗负担。最后，利于有效配置养老资源，提升服务质量，拓展业务内容，延伸服务范围，提升老年人的生活品质，扩大社会影响力（李长远等，2020）。但该模式也存在以下缺点：一是该模式的服务项目界定较为模糊，容易产生道德风险，会产生医保违规报销现象。二是该模式需要一定的政府政策和资金技术保障，否则容易导致医疗服务项目简单，质量下降（刘清发等，2014）。三是医中有养模式存在供需匹配不均，容易造成竞争，由于不同医院的服务质量不一，导致三级医院人满为患，基层医院门可罗雀（刘稳等，2015）；而养中有医模式则容易出现养老机构护理人员专业能力不足、基础设施和硬件设备不完善的问题（张巍等，2020）。

4.3　联合运行模式

联合运行模式指养老机构与医疗机构的合作，是较为松散的医养结合模式，以中小型养老机构和医疗机构为主体，如社区卫生服务站、敬老院等。养老机构和医疗机构通过签订协议等方式进行合作互助，或成立医联体。开展的服务包括由医疗机构向养老机构提供医疗护理知识培训（吴侃等，2016），为养老机构内老年人开设就医绿色通道，为养老院内老年人提供医疗巡诊、预约就诊、中医养护保健等。该模式建立的基础在于养老机构自身拥有较多的老年群体资源能够供养医疗机构，医疗机构亦能支撑养老机构的医疗需求。养老机构在获得专业化、综合化医疗服务支持的同时也能提升自身医疗和护理水平。

该模式具备几下优点：灵活多变，降低了养老机构和医疗机构的转型难度（张雨，2019），能够使医疗和养老机构充分提升自身水平，为老年人提供优质服务（李钦铃，2017）。提升了养老机构的医疗功能和护理水平，拓展医疗和养老机构业务的同时提升知社会名度（李长远等，2020）。简化了入住老年人的就医程序，降低老年人就医费用，减轻家庭负担（刘清发等，2014）。同时提升床位周转率，降低了运营成本（符琳琳，2016）。实现了双向照料、双向转诊、优势互补和资源整合。但该模式也存在以下缺点：首先，部分医疗护理项目未能纳入医保，自费项目会降低医养结合对老年人的吸引力（刘文心等，

2021)。其次，由于双边治理，责任边界不明确，机构衔接不通畅，合作的稳定性和连续性容易受到利益协调、约束机制的影响，易产生违约现象（李长远等，2020；刘清发等，2014）。再次，强强联合易导致竞争，实力较强的机构更倾向于通过相互合作实现资源互补，因此需要建立相关政策细化行业标准，强化联合运行模式的可持续性。最后，缺乏合作监管，易存在重签约轻行动的形式主义（程媛，2020）。

4.4 支撑辐射模式

支撑辐射模式是指社区卫生服务中心、服务站或社区医疗机构为居家老人提供基本医疗和康复服务，如在社区设立日间照料中心、实行家庭医生签约模式、设立家庭病床、上门巡诊等，为老年人提供连续性的健康管理服务和医疗服务。主要以社区卫生服务中心、服务站或社区医疗机构等为主体。该模式医养结合的紧密程度较低，但辐射范围广，通过医疗机构与社区融合，依托社区服务和智慧网络信息平台，整合社会医疗资源，实现养老和医疗一体化，充分调动医疗机构、社会、家庭、个人等力量，为居家和社区养老的老年人提供额外的医疗服务。

该模式具备以下优点：实现了医疗机构和社区的合作，保证了医疗服务的专业性和连续性（李钗玲，2017），使生活能够自理的、选择居家养老的老年人在社区内即可享受医疗服务。该模式也符合我国目前的养老观念，符合我国目前居家养老人数增多的国情，有利于"9073"模式的进一步推进。但也存在一些不足：比如，部分区域机构的基础设施不够完善、人员数量和能力不足，导致难以提供高质量的服务（刘稳等，2015）；再如，由于需要区域协调管理，但社区的管控能力有限，导致管理难度加大，医养结合养老服务工作可控性和协调性差（符琳琳，2016）；同时，上门医疗和养老服务没有细化的医疗保险报销规范，导致上门服务报销环节问题较多（刘稳等，2015）。

5 东莞市医养结合养老服务发展模式与困境分析

2016 年，东莞市被确定为第一批国家级医养结合试点城市。自此，东莞市利用人口老龄化"窗口期"，提前规划布局了养老照护和医养结合领域的公共政策和基础设施建设，全面推进医疗和养老服务的结合发展，探索适合当地发展的医养结合模式。东莞市卫生健康局张巧利局长指出，"养"和"医"之间有条轴，轴上的每一个点都能称作"医养结合"，而护理院作为中间的一点，是"养"和"医"间最平衡的结合点，从这个点上找到突破点来做东莞医养结合的改革。

目前东莞市已初步构建"机构—社区—居家医养结合服务网",形成"三级医院—二级医院—社区卫生服务中心"三级护理服务网络,机构型养老正往社区型养老以及居家型养老发展。截至 2021 年 10 月,东莞市已设立护理院 8 家,通过"护理院＋养老院"的"医养一张床"模式,满足中重度失能老年人群的刚性需求,已入住长者 3 235 人。全市 49 家养老机构均内设医疗机构或与医疗结构有合作服务,各社区卫生服务机构与居家老人签署家庭医生服务协议。兴建或改造"星光老年之家"160 余个,打造 137 个社区综合服务中心,17 个省级居家养老示范中心。2021 年,东莞市成立了医养健康协会,通过社会力量和行业自治制定了行业标准,进一步推进全市医养结合服务行业规范化发展。

在安宁疗护方面,2019 年,东莞市被国家卫生健康委确定为全国安宁疗护试点城市,立足推进特色立体化安宁疗护服务体系,东莞市成立了安宁疗护研究中心,为老人提供高品质的卫生健康服务。笔者在调研过程中从东莞市卫生健康局了解到,东莞市已成立 15 家二级以上医院做试点单位,在医养结合床位中特别设置 3～4 个安宁疗护床位,不断推进安宁疗护与医养结合对接合作。同时,东莞市注重局校院合作,充分利用医学院校研发组员,促进科研与实践相结合,并取得初步成效。目前,以市级安宁疗护研究中心为引领,市级三甲医院为龙头,镇街医院为依托,医养结合机构及其他民营医院为补充,社区卫生服务中心为抓手,构建了涵盖东莞市二级以上医疗机构、医养结合机构和社区卫生服务中心等机构立体化的"医院—机构—社区"三角支撑模式和服务体系。

5.1 社会资本新办模式:护理院

目前东莞市新建的医养结合机构包括福星女儿家护理院、黄江康湖护理院和康怡护理院,均为社会力量兴办的医养结合机构。

福星医疗养老产业集团公司旗下的东莞福星女儿家护理院成立于 2016 年,是经民政局备案、卫生局注册的医疗保险定点医养结合机构,被评为东莞市"医养结合试点单位"以及"安宁疗护试点单位"。该护理院是集"医疗护理、现代康复、居家养老、生活照料、健康管理、安宁疗护"于一体的综合养老护理服务体。院内有 272 张床位,入住率稳定在 95％以上,主要服务对象为需要长期护理的老年人群,以重度失能失智、长期卧床和坐轮椅状态的老年人为主,平均住院年龄超 80 岁。院内配备医生 12 人,护士 36 人,护理及其他服务人员 92 人。自开院以来收住老人 1 011 人次,开展安宁疗护 319 人次。[①]

---

① 据调研资料整理。

除医疗、护理等日常服务外，该护理院以机构为依托，积极开展社会公益活动，为长者提供助餐、助浴等服务，为残障人士提供职业培训、心理疏导等服务。护理院既注重院内服务，也将服务范围向居家服务延伸，积极为老年人提供居家服务，对出院老人提供的服务包括基础服务如起居护理、精神陪护、节日问候等，也包括排泄护理、肢体锻炼等特需服务。为推动安宁疗护的发展，院内特设安宁疗护病区。

在智能化建设方面，福星集团依托科技发展，自主研发信息化平台。建立东莞家乐居养老指挥中心，构建互联网系统与信息平台，为养老提供更便捷、高效、灵活的公共管理创新服务模式。在人才建设方面，形成自有的人才培养体系。通过校企合作的方式，与东莞技师学院合作，打造"学徒制"培训模式。在资金方面，护理院加强与医保部门的沟通，目前已成为东莞市医疗保险定点的医养结合机构。在业务拓展方面，2022年，护理院与莞城街道签订合作协议，以同股同权的形式承接一所公建民营敬老院。同时，护理院还承接了莞城街道的上门居家养老服务，通过"护理院＋敬老院"的形式，实现安宁疗护服务的延伸，使街道接近1/3的老年人接受了安宁疗护服务，接受服务的老人平均年龄为84岁。[①]

福星集团建立的智慧化养老模式，实现了养老服务的居家、社区、机构一体化运营。未来，福星女儿家护理院还将打造5G特护空间，利用"互联网＋"平台，推动智能化管理，实现政府全过程与全方位的监督。构建以长者为核心，满足社会多元化、多层次需求的养老服务体系，建设医养生态样板。

5.2 整体照料模式：医中有养、养中有医

5.2.1 医中有养：洪梅医院护理院

目前，东莞市已建成医中有养模式的机构包括东坑医院护理院、洪梅医院护理院、常安医院护理院和仁康医院护理院，其中东坑医院和洪梅医院是公立医疗机构，常安医院和仁康医院是民营医疗机构。

洪梅医院作为镇属二级医院，是东莞市国家级医养结合试点医院，以老年专科建设为发展定位，以老年照护和医养结合为特色，拥有较为完善的护理职能与医疗体系。拥有得天独厚的优质医疗资源，是集医疗、护理、康复、保健、生活照料、娱乐、心理治疗、临终关怀功能为一体的医养结合单位。据洪梅医院护理院张艳红院长介绍，目前护理型床位200张，入住的老人58人，收住对象主要以失能、失智以及需要长期照护的高龄老人为主，平均年龄为81岁。院内配备多名医师，并特设老年专科护士以满足老年病的基本

① 据调研资料整理。

医疗和康复服务需要。

洪梅医院护理院以提升老年人晚年生活幸福指数为初衷，以养促医、以医托养，提供全面多样化优质服务。包括为长者提供个性化的保健服务；建立老年人健康档案；开展各式文娱活动，给予老年人心灵慰藉和人文关怀；根据评分等级提供个性化的生活照护；对常见病、老年病提供救治与转诊服务；设立临终关怀病房实行安宁疗护。

张艳红院长指出，在医院特色方面，护理院建立了老年皮肤伤口专业照护团队为患有皮肤病的老年人提供专业、细致的治疗和照护服务。

在医院建设方面，红梅医院护理院的发展得益于国家优惠和政策扶持。2020 年市卫生局和镇政府投入 2 700 万元，对该院进行旧楼全面改造升级，增设护理床位。在后续二期项目中，镇政府投入了 2.56 亿元新建医养结合楼，建设园林式医养环境，打造医养结合花园式单位。在人才建设方面，洪梅医院护理院不断推进专业化人才队伍建设，通过举办名师讲堂等来提升团队专业服务技能。同时，组织部分医护人员参加了广东省卫健委举办的医养结合培训。

在智能建设方面，洪梅医院护理院依托科学技术实现了信息化管理。通过嵌入式居家养老服务引入睡眠监测带，打造生命体征检测模块，与家属实时监控长者健康。在管理建设方面，洪梅医院护理院实行质量监控措施，一方面，护理院通过制定各项管理规章制度，推动制度建设清晰化，为质量监控保驾护航；另一方面，不断完善服务质量体系，利用服务指标对服务质量实施监控。

张艳红院长提到："护理不是终点，目的是通过给予安宁疗护关怀，最终能让老人回归社会。"自成立以来，洪梅医院护理院照护效果显著，社会反响良好。

5.2.2　养中有医：金慈护理院

目前，东莞市已建成养中有医模式的机构是金慈护理院，还有东莞市社会福利中心，石龙镇敬老院等公立养老机构，均内设医务室或引入社区门诊。近年来，东莞市助力推进医养结合，对新建的民办养老机构，医养结合床位给予一次性床位建设补贴 18 000 元；对收住的东莞户籍且年满 60 周岁的老人，给予每人每月 200 元的补贴；对星级养老机构按照一定标准给予一次性补贴，五星级 15 万元，四星级 10 万元，三星级 5 万元，被评定为国家级的养老机构，在上述基础上再增加 10 万元的等级评定补贴。

金慈养护院①是广州金乐养老有限公司旗下的养老机构，该公司隶属的广州华新集团，有着多年的养老服务供给经验和品牌沉淀。该养护院成立于 2017 年，为实现从单一养老到医养结合服务供给的转变，不断推进体制升

---

① 为金慈护理院前身。

级，在 2019 年获得医疗机构许可证，正式改为金慈护理院。护理院突破单一的养老服务模式，集养生、养老、护理和康复为一体，被评为东莞医养结合示范院点（严庆弘，2020）。护理院拥有床位 230 张，具备一支高素质的管理、服务团队，配备主任医师、主管护师、护士、护理员等专业医疗人员，设有内科、康复科、临终关怀科等科室。

在生活娱乐方面，金慈护理院定期组织各类志愿活动，组织走访慰问老年人，并根据膳食专家的建议，为老年人提供独具特色的、适合老年人特点的餐饮服务。在护理方面，实行住院部式的护理管理模式，实现了医疗护理和生活护理相结合。在医养康复方面，对入住老年人进行身体评估，制定个性化的照护方案，开展专业护理日常服务，提升长者的生活品质。护理院全面推进医养结合，打造医疗与养老相结合的服务新模式，为老年人提供生活照料以及持续性疾病康复理疗。给予有需要的入院老年人进行康复保健指导，提高老年人的健康水平和生存质量。设立安宁疗护中心，开设"安宁病房"，为疾病终末期老年人给予多方面的照料和人文关怀服务。

几年来，金慈护理院为老年人提供了多样化、全方位的产品和服务，让入院老年人过上了有尊严的老年生活。集团化管理、连锁化经营下的金慈护理院正不断打造以爱心、孝心、耐心、细心和责任心为标准的"五心级"养老机构，推动医养结合的进一步发展。

5.3 联合运行模式：敬老院与社区卫生服务站

目前，全市与医疗机构签订合作协议的养老机构有 49 家，如厚街敬老院与毗邻的社区卫生服务中心等医疗机构建立合作关系，为院内老人提供基本医疗保障服务。当老年人患病或急需接受医疗服务时，便可启用绿色通道。

东莞市厚街敬老院和涌口社区卫生服务站距离不远，涌口社区卫生服务站接诊病人多以老年人为主，老年病和慢性病患者较多。为适应医养结合发展，给予老年患者更优质的医疗服务，涌口社区卫生服务站进行了院内升级改造，包括在站内二楼增设中医理疗、慢性病回访等医疗服务区，拓展医疗服务内容，为院内老年人提供方便。厚街敬老院内增设了专门的卫生室，配备专业医疗器械，以便在院内开展简单的医疗服务。从 2003 年开始，涌口社区卫生服务站定期安排医护人员上门为院内老年人提供健康检查、疾病治疗等服务。

5.4 支撑辐射模式：社区

国外部分国家早在 20 世纪初就已经开始探索未来的养老模式，无论是走在较为前列的日本，还是后来居上的美国、加拿大等国家，都将医养结合中的医疗和养老服务关注点放在了社区，提倡社区养老和照护。但目前我国发展的社区和居家养老并不是指将养老的责任归还给个人、归还给家庭，更多的是使政府、社会的养老和医疗力量进入社区、走进家庭（袁晓航，2013），为老年人提供全方位的个性化上门服务。

东莞市近几年广泛在社区卫生服务中心和服务站为辖区内65岁以上老年人提供免费体检等多项基础公共卫生服务。同时，各医疗机构也在居家养老服务点或社区综合服务中心安排专职医师。通过与居家老人签订家庭医生服务、提供失能评定等上门服务，并与基本公共卫生服务项目相结合，对老年人提供医疗和健康护理服务。资料显示，截至2020年，东莞市中老年人群家庭医生签约率达65.53%，65岁以上老年人健康管理率达66.51%。多个镇街的居家养老服务机构开始提供社区及居家医养服务，为医养结合和安宁疗护工作的开展奠定了良好基础。

2019年，大朗镇松木山村被确定为国家级老年人心理关爱项目试点社区，标志着东莞市全面开启了从关爱老年人身体健康到心理健康的实践与探索。在社区卫生服务中心启动康复护理中心建设项目，推进安宁疗护试点工作，既照顾到老年群体居家护理需求，又努力为人民提供覆盖生命全周期的连续型健康服务，打通养老康复服务的"最后一公里"，推进了医养结合服务的发展。

2020年，东莞市虎门镇创新社区及居家医养模式，由专业承接居家养老服务的社工机构联合镇卫生服务中心和虎门中医院，为轻度失能居家养老服务对象及照顾者提供守护高龄老人的项目移动护理"V站"服务。通过在社区合适地点建设"V站"，鼓励居家养老对象在照顾者的陪伴下前往移动"V站"接受社区医养结合服务，同时为中重度失能的居家老人免费提供上门医疗服务。

6 存在问题

6.1 发展效果及发展重点问题

第一，不同模式下的医养结合机构服务能力和效果存在差距。在现行的四种模式中，服务能力较强、服务效果较好的是社会资本新办模式和整体照料模式，原因在于主办主体不同，机构间存在层级差距。任何一种模式下的医养结合机构申办都需要申请主体符合一定的准入条件，而有申办基础的主体往往工作开展较为顺利。选择社会资本新办模式和整体照料模式的多数是规模较大、具备一定资金和政策支持基础的公立机构或走高端路线的私立集团机构。如东莞福星女儿家护理院所属的苏州福星医疗养老产业集团公司，是一家全国性的城市养老综合服务运营商，医养结合服务基础好，服务能力强。整体照料模式中的医中有养，如洪梅医院护理院是由镇属二级医院洪梅医院主办，作为东莞市国家级医养结合试点医院，洪梅医院享受国家政策扶持和资金资助，基础设施完备，配套服务完善。整体照料模式中的养中有医，如金慈护理院隶属的广州华新集团是走集团化管理和连锁化经营路线的大型民营企业，有着 28 年的品牌沉淀。

规模小且级别较低的养老和医疗机构开展医养结合工作的能力有限，更倾向于选择联合运行模式，而支撑辐射模式的开展主体更多是社区卫生服务中心、社区敬老院等。这两种模式在运营中由于人才缺乏、资金不足、政策支持不到位等原因，只能提供较为基础且有限的医疗和护理服务。加之模式涉及多个主体，多头管理下责任边界不明确，模式可持续性和可控性差，对服务对象吸引力不足，阻碍了医养结合工作发展。长此以往，服务能力较好的医养结合模式发展迅速，而服务能力相对较差的医养结合模式将止步不前。

第二，"医""养"发展的重点不突出、优势不凸显。社会资本新办模式下的医养结合机构，其医疗和养老的配套设施较为齐全，表现为对医疗和养老二者关注度基本一致。联合运行模式以"医"和"养"并重，促进两种资源的功能整合，但由于是合作的模式，医养的紧密程度不如社会资本新办模式。支撑模式是以区域为基础，推动社区、家庭等多方联动，更加关注医疗服务，即对区域内居家养老老年人提供基础医疗护理。

6.2　人才问题

目前无论是东莞市医养结合机构抑或是我国其他医养结合建设单位都普遍存在人才建设力度不足的状况，这既会限制整体服务质量提升，也会阻碍机构的未来发展（袁晓航，2013）。

首先，各种模式都存在医养结合人才短缺的问题，主要表现为护理人员、医生和护士的人数较少，特别是年轻护理人员，导致床护比日益增大，医护人员压力与日俱增。特别是在联合运行模式和支撑辐射模式中，由于专业医护从业人员更倾向于留在三级医院或级别较高的医疗和养老机构工作，导致基层和社区缺乏医养结合工作从业者，医护人员的工作任务相对于其他模式来说更为繁重。

其次，在运营过程中，护理人员服务能力难以达标，部分护理人员没有接受过专业的资格培训以及技能考核与鉴定。部分护理人员仅做过医院护工，无法为患有基础性疾病的老年人提供后续专业性医养服务。特别是整体照料模式下的养中有医，由于机构原来是养老机构，而医疗服务是较为专业的服务，人才培养周期长、成本高，导致这种模式下的医疗人才引入较少，服务能力不足。

最后，医养结合仍处于发展阶段，相关人才培养政策未能完全配套，专业照护人才培养体系缺位。医养结合专业人员配备的缺乏导致现有人员工作量大，而护理人员长期以来工资水平和社会地位较低，一定程度上又影响着年轻人的择业倾向，致使专业人才毕业后流失率高（郑先平等，2018）。

6.3 资金问题

整体照料模式下的养中有医机构存在资金补贴力度不足的问题。对于医养结合机构，政府有一定的资金支持。在社会保障方面，目前东莞市针对医养结合机构的补贴主要包括床位建设补贴、运营补贴、等级评定补贴以及每日床位补贴。另外，政府还实施了诸如失能老年人护理补贴、残疾人扶助补贴等政策。护理院的老人大多是患有多种老年性疾病、慢性病的失能和半失能患者，这种患者往往并发症多、病情易反复，需要不断进行医疗救治和康复护理。而以上所需服务费用高、疗程长，因此补贴力度严重不足。

联合运行和支撑辐射模式存在服务项目收益差的问题。一方面，上门服务的收费项目一般不纳入医保，面临费用较高的医疗服务项目时，老年人更倾向于前往定点机构就医，导致医养机构收益下降。另一方面，有的服务内容较为简单，收费较低，导致上门服务的成本较高，收益较差。

最后，几乎所有的模式都存在因制度缺陷导致的资金负担重的问题。对于属于社保定点机构的护理院来说，因为东莞市医保系统与省医保系统直接对接，而部分老人住院时间较长，花销较大，导致护理院垫付金额增多，运营压力增大。同时，东莞市医养结合试点工作采取按床位日付费制，使用医保资金补助医养结合中"养"的部分，导致医保压力增大，护理院亏损增多，单是东坑医院一年的亏损金额就高达290余万元。对于部分未被纳入社保定点医疗机构的护理院来说，住院老人不能享受医保报销，老年人则须自行担负高额的院内养老和护理费用，资金支付压力大。

6.4 管理问题

目前的医养结合工作涉及多个政府部门，包括卫健委、民政和人社部门等，其中医养结合试点由卫健委负责，资金主要来源于医保部门和民政部门。尽管各部门职责相对明确，但总的来说，政府部门在落实医养结合工作方面，存在政策和标准不统一、沟通不到位、管理体系混乱、管理碎片化等问题（睢党臣等，2016）。在医养结合体制机制建设方面，在落实相关政策、处理突发事件时，职能部门之间存在相互扯皮、推诿的状况，多头管理易导致部门间协调性差，造成寻租与腐败，降低了运行效率进而影响医养结合养老服务的发展（史晓丹，2021）。

首先，体制机制缺陷导致政策落实不到位。在医养结合人才建设制度方面，为了能够加大人才储备量，政府也出台过政策鼓励人们从事医养结合事业。2019年，国家卫健委颁布了《关于加强医疗护理员培训和规范管理工作的通知》以及《医疗护理员培训大纲（试行）》[①]，并提出对完成有关课程学习的护理员给予 1 400 元的培训补贴。但政策自颁布起，由于部门之间的职能划分问题，导致专项资金至今未能落实到位。

其次，社会资本新办模式和整体照料模式在发展过程中面临部门扯皮的问题。如在护理院许可证申请方面，由于东莞市医养结合机构的申办审批需要同时具备三个证件，分别是民政部门颁发的养老机构证，卫健部门颁发的护理机构证以及医保部门颁发的医保定点证。而目前医保尚没有针对医养结合的支付模式，护理院无法申办医保定点机构资格。洪梅医院几经波折，辗转多个部门依旧无法落实，导致许可证办理一拖再拖。对于公立医院无法进行养老机构备案这一难题，最终通过各方协调，于 2019 年，由东莞市委机构编制委员会办公室发文确定公立医院增加养老服务职能，民政部门才给予批准养老服务备案。因此，洪梅医院护理院在 2018 年成立，并于 2019 年获得民政部门备案，自启用 2 年后才申请到医保定点机构资格。

除了涉及多个政府部门，联合运行模式和支撑辐射模式还涉及不同参与主体之间的管理责任问题。就联合运行模式而言，由于涉及医疗机构和养老机构，双边治理的前提下责任边界模糊，容易在运作过程中发生责任推卸或表面签署合同，实际未落实工作的情况，导致医养结合工作稳定性和连续性不高。支撑辐射模式也是多主体参与的医养结合模式，服务范围扩展到社区和家庭，虽然管理内容和范围扩大，但管控能力有限。

7　医养结合养老服务的发展路径

7.1　发挥不同模式的特色，推动多种模式并举

针对不同模式的医养结合机构服务供给效果不一样的问题，要缩小模式间的发展差距，需要加大资源的投入和政策的倾斜力度，以提高小型养老和医疗机构、社区卫生服务中心、敬老院等机构开展医养结合工作的服务能力和质量，推动联合运行和支撑辐射模式发展。首先，要坚持政府主导，制定相应的人才政策，改变医养结合人才扎堆大型医疗和养老机构的现状，引导人才到基层或社区医养机构就业。合理调整收费标准，鼓励并支持社会资本参与小型民营养老和医疗机构、社区机构或等级较低的公立医院的医养结合建设，扩充筹资渠道（成秋娴等，2016）。要加强联合运行和支撑辐射模式主要运营机构的基础设施建设，加大软硬件配置力度，推动护理质量的提高，丰富并延伸服务

---

① 国务院.关于推进医疗卫生与养老服务相结合的指导意见［EB/OL］.（2015 - 11 - 18）［2022 - 03 - 24］. http://www. gov. cn/zhengce/content/2015 - 11/20/content _ 10328. htm.

内容，促进服务项目多元化。大型公立医疗和养老机构定期可开展帮扶活动，减少机构间的层级分化。其次，要建立工作监督制度，设立监督机构，严格审核申请开展医养结合服务的医疗和养老机构资质。建立绿色通道衔接机构间的交流合作，提高服务主体参与积极性，以协议的形式确定双方责任，明确主体责任边界，引导和规范机构间的双向转诊，落实医养结合工作（黄佳豪等，2014）。最后，要重视资源向基层倾斜，我国目前的养老方式主要是以居家养老为主，服务对象大多来自社区，因此推动医养结合发展要加大对基层医疗机构和卫生机构的支持力度，使优质的服务下沉至社区和家庭，发挥社区医疗和养老机构的医养结合服务效用。

针对各模式"医"和"养"重点不突出的问题，可以实施医养结合方面的"分级诊疗"，发挥不同模式的特色。针对有高标准医养服务需求的老年人，推荐其前往社会资本新办的医养机构；针对有较高标准医疗需求的、患有老年病的、需要长期护理的老年人，推荐其前往医疗设备和服务比较完善的整体照料模式下的医中有养医养机构；针对身体状况较为良好，但是患有慢性疾病，对日常生活照料有需求的老年人，推荐其前往养老服务水平较高的整体照料模式下的养中有医医养机构（郑函等，2018）；针对仅需要普通的医疗和养老服务的老年人，推荐其选择联合运行模式下的医养机构；针对生活基本自理并有强烈居家养老意愿的老年人，推荐其选择支撑辐射模式下的医养机构。由此，能够在一定程度上缓解各机构服务供给压力，也符合老年人多样化的医疗和养老需求。

7.2 加强人才建设，培养人才队伍

人才建设需要未雨绸缪。针对医养结合人才短缺和护理人员服务能力有待提升的现状，可以从以下几方面入手：首先，在高等院校开设养老护理专业，扩大医养结合技能人才培养规模。充分利用医学专业院校研发资源，推进老年医学专科联盟建设，发展老年医学相关学科，建立老年医学专家人才库，开展对外学术交流活动，拓展养老和医疗服务研究。其次，医养结合机构要加强与职业院校的合作，建立战略合作关系，成立教学实践基地和培训基地，对服务一线定向培养输送优质养老人才。可建立学徒制的培训，由职业技术院校实施全程就业指导，全方位提高学生专业素养和技能水平，加大老年护理专业技能型人才培养力度。再次，要转变医养人才观念，鼓励人才下沉至社区和基层，鼓励专业医疗人员到基层工作，加大对社区和基层的人才制度建设扶持力度。鼓励基层老年健康服务人员和社会工作者参与医养结合养老服务，尤其注重吸收低龄健康老年人群体加入老年人护理行业（盖钊冰，2018），为医养结合和养老服务事业发展提供有力的人才保障。同时，还可以将医养结合养老服务纳入公益性岗位范畴，鼓励更多人通过志愿服务了解医养结合工作并投入该项事

业中（倪语初等，2016）。最后，要建立完善的医护人员考核制度。建立从培养、选拔到绩效考核再到职称评定等一系列的制度体系，定期对医护人员进行培训及考核，鼓励持证上岗，提高医养结合医护人才队伍的稳定性和专业性。（睢党臣等，2016）。

针对人才政策不到位问题，提出以下两点：第一，要在人才引进、科研经费、教学经费等方面给予政策倾斜，重点培养一批医养结合以及安宁疗护高端人才。第二，要出台相关政策支持对养老医护人员的培养，提升养老医护人员的社会地位，完善工资待遇和社会保险政策、特殊岗位津贴、培训补助等，吸引更多相关人员从业。

7.3 加大资金支持力度，缓解运营压力

医养结合养老服务处于发展阶段，需要政府发挥主导作用，优化资源配置，为医养结合养老服务发展提供一定的资金保障（倪语初等，2016）。

针对资金补贴力度不足、服务项目收益差的问题，要落实资金补贴工作，加快建立健全老年人能力评估制度，完善老年人能力综合评估标准，将评估结果作为老年人享受相关补贴的依据（赵晓明，2022）。在资金和政策允许的情况下建立动态调整机制，扩大基本医疗保险支付范围，将符合规定的老年人医疗、护理等费用纳入医保支付范围，适当提高报销比例，提升床位日定额付费标准。规范上门医疗护理的收费标准和保险支付比例，细化医疗保险报销规范，尽可能降低联合运行和支撑辐射模式的运营成本。

针对资金负担大的问题，提出以下解决方案：首先，将符合条件的医养结合机构纳入基本医疗保险定点医疗机构协议管理范围，争取医保部门更大力度的支持。同时建议省级系统建立专门针对医养结合的结算模块，采取中途结算，减轻养老机构运营资金压力。其次，稳妥推进长期护理保险制度试点，建立适合我国基本国情的长期护理保险制度框架体系，探索稳定的长期照护费用支付机制。同时鼓励商业保险公司根据我国老龄化发展状况设计老年人疾病保险、意外伤害险等特殊保险产品[①]，通过长护险和商业保险，老年人能够在医疗和养老上获得一定的资金支持，减轻家庭负担。最后，在筹资渠道方面要积极鼓励社会力量参与医养结合建设，建立多元化的投入机制，拓宽医养结合养老机构的筹资渠道，吸引公益慈善组织和社会民间资本参与医养结合行业（郑函等，2018），探索互助共济、责任共担的多渠道筹资机制，形成"政府＋企业＋非营利机构＋家庭"的四方投资格局（鲁元珍，2022）。

---

① 国务院．关于推进医疗卫生与养老服务相结合的指导意见［EB/OL］.（2015－11－18）［2022－03－24］. http://www.gov.cn/zhengce/content/2015－11/20/content_10328.htm.

7.4 加强部门沟通协作，实现共同合作

医养结合涉及多机构和部门之间的协同治理和共同合作，需要卫健、民政和医保等部门多方联动。

需要强化政府责任，打破体制障碍，减少部门扯皮，实现多方治理（周坚等，2019）。在条件允许的情况下可以建立专门的经办机构，完善相关政策支持，统一制度建设标准，进一步简化申办医养结合养老服务机构的行政审批流程，提升办事效率（刘洁等，2022）。此外，还应当建立相应的监督机制，加强政府内部监管和社会监管，加强法制建设。针对有关部门的寻租和腐败行为、缺位、错位行为进行严肃处理。同时，各试点城市应当主动抓住国家医养结合养老服务发展机遇，积极落实如人才建设等有关政策，进一步提升发展质量，提高医养结合服务管理效率，为医养结合养老服务模式的发展提供良好的建设氛围（郑先平等，2018）。

针对联合运行模式和支撑辐射模式在运行中所遇到的障碍，如责任边界模糊，管理能力有限的问题，要明确主体责任和服务内容，加强机构间的衔接，鼓励机构间优势、资源互补。提高负责人员的责任意识，细化相关政策行业标准，确保模式运行的稳定性和持续性。

8 结论与进一步讨论

8.1 结论

医养结合养老服务是应对人口老龄化国家战略的关键性制度安排，也是保障老年人权益的重要体现，可以满足我国当代老年人对新型养老服务的需求。目前，依据国家政策，我国探索出了四种医养结合养老服务模式，即社会资本新办模式、整体照料模式（医中有养、养中有医）、联合运行模式和支撑辐射模式。东莞市立足于"医"和"养"的连接点——护理院，逐步完善和发展具有东莞市特色的医养结合养老服务，积极探索适合该地区的银色事业发展道路。未来，东莞市医养结合养老服务的发展重点是将成熟的机构型医养结合服务向社区和居家型医养服务延伸，并逐步推进安宁疗护制度的实施。今后，我国也将不断完善以机构为支撑、社区为依托、居家为基础的老年护理服务网络[①]，同时加快安宁疗护机构建设，进一步丰富医养结合养老服务模式种类，

---

① 国务院. 国务院关于印发"十四五"国家老龄事业发展和养老服务体系规划的通知[EB/OL].
(2022 - 2 - 21) [2022 - 03 - 24]. http://www.gov.cn/zhengce/content/2022 - 02/21/content _
5674844. htm.

增加医养结合养老服务供给，提升医养结合养老服务质量。

目前，我国医养结合养老服务模式发展仍存在一定的困境，如发展效果及人才问题、资金问题、管理问题等。此外，部分地区医养结合养老服务领域存在医养机构定位错误、公众医养结合意识薄弱、城乡发展差距等问题，这需要政府有关部门综合协调多方力量，完善制度、人才、基础设施、信息化建设，调动社会力量参与，打造适合医养结合养老服务发展的环境。

8.2 进一步讨论

本文在撰写方面有以下创新：第一，本文通过总结以往的医养结合相关实践，重新定义了"医养结合"的内涵，提出未来医养结合的发展要转变单一的医养思维，重点围绕医、养、康、护、宁五位一体的方案进行不断创新发展。第二，本文通过分析行政政策，划分了四种医养结合养老服务模式，并对每种模式的具体内容进行阐述。第三，本文案例中的资料多为最新的一手调研资料，且调研覆盖本文所述的多种模式，调研对象包括政府工作人员和护理院院长等，调研结果可信度高，较能体现当前东莞市医养结合工作的开展状况。

关于进一步探讨医养结合养老服务的发展，笔者有以下想法：

第一，在2022年2月，国家卫生健康委等15部门联合印发《"十四五"健康老龄化规划》，其中提到要全面启动"健康中国行动"和"老年健康促进行动"，推动包括健康教育、预防保健、疾病诊治、康复护理、长期照护、安宁疗护六个环节的老年健康服务体系的初步建立，稳步发展医养结合[①]。而青连斌（2022）也提到，未来我们要从"健康老龄化"逐步发展至"积极老龄化"，即鼓励老年人参与社会，拥抱社会。因此，笔者认为，在未来的医养结合养老服务发展过程中，除了目前所提及的医、养、康、护、宁五个方面外，还会进一步延伸，如完善老年人健康教育服务、心理健康服务，使老年人能够积极面对生活，主动参与社会活动。

第二，为提升医养结合养老服务质量，我国可进一步创新、拓展医养结合养老服务模式。一是发展智慧医养。相关机构应当抓住互联网发展机遇，运用云技术完善医养结合信息管理系统，建立"互联网＋医养结合"模式，通过大数据对医养结合养老服务进行实时监控和预测分析，提升服务质量。如洪梅医院护理院运用大数据打造护理院质量体系，对院内工作实行质量监控；福星女儿家护理院构建了互联网系统与信息平台，通过"智慧化＋养老"模式，提供

---

① 国务院.国务院关于印发"十四五"国家老龄事业发展和养老服务体系规划的通知［EB/OL］.（2022 - 2 - 21）［2022 - 03 - 24］.http://www.gov.cn/zhengce/content/2022 - 02/21/content_5674844.htm.

更为高效的养老服务，提升老年人的晚年生活质量。二是推动"田园＋养生＋康养"产业进入市场。从生态文明的视角发掘乡村价值，形成医养结合的乡村田园康养小镇，新型的医养结合养老服务体系融入乡村为加快推进农业现代化和建设新农村提供了机遇。一方面，可以让人们更加关注农村问题，促进乡村振兴，带动相关产业升级和发展，使部分劳动力回流，提升乡村活力。另一方面，可在一定程度上解决农村老龄化问题，支持农村地区接续性养老和医疗卫生机构建设，推动农村医养结合发展，缩小城乡差距，提升养老服务质量。当然，在进行产业推广过程中，要合理定位医养结合的发展方向和受众群体，收费标准要适度向农村老年人倾斜，并给予一定的政策优惠。三是探索候鸟式医养结合模式。候鸟式养老主要分为候鸟式旅游养老模式和候鸟式异地养老模式，其中异地养老模式的受众包括一些患有慢性疾病以及有养生需求的老年人，该群体会选择在居住环境较好的城市进行迁移式的养老，并在此期间更加关注医疗护理，如中医药养生和膳食养生等。四是发展森林康养。森林康养是指是在森林生态环境的基础上，以促进大众健康为目的，结合森林生态资源、景观资源、食药资源和文化资源等资源，与医学、养生学进行有机融合，开展保健养生、康复疗养、健康养老的服务活动[1]。推进森林康养与医养相结合，有助于为老年人营造舒适而温馨的养老环境，在自然环境中实现生态养老。

— 参 考 文 献 —

成秋娴，冯泽永，冯婧，等，2016. 我国发展社区医养结合的必要性、可行性、困境及建议 [J]. 中国卫生事业管理，33（5）：334-336，380.

程媛，2020. 积极老龄化背景下"医养结合"养老模式研究 [D]. 赣州：江西理工大学.

邓大松，李玉娇，2018. 医养结合养老模式：制度理性、供需困境与模式创新 [J]. 新疆师范大学学报（哲学社会科学版）(1)：107-114，2.

杜词，王芳，袁莎莎，2019. 美国全方位养老服务计划及对我国医养结合的启示 [J]. 中国初级卫生保健（9）：6-8.

符琳琳，2016. 养老机构医养结合养老服务模式研究 [D]. 大连：东北财经大学.

盖钊冰，2018. "医养结合"养老模式面临哪些发展障碍 [J]. 人民论坛（27）：64-65.

耿爱生，2015. 养老模式的变革取向："医养结合"及其实现 [J]. 贵州社会科学（9）：101-107.

郝志梅，冯宏杰，周宏，等，2019. 浅谈国外医养结合养老模式 [J]. 中国卫生人才（9）：24-25.

贺坤，戴丽，翟超越，等，2021. 加拿大机构养老体系对我国医养结合发展的启示 [J]. 卫

① 国家林业和草原局. 解读：《关于促进森林康养产业发展的意见》[EB/OL]. (2019-03-06) [2022-04-05]. http://www.forestry.gov.cn/main/3957/20190704/151445283849525.html.

生软科学（1）：94 - 97.

黄佳豪，孟昉，2014. "医养结合"养老模式的必要性、困境与对策 [J]. 中国卫生政策研究，7（6）：63 - 68.

景思霞，2014. 重庆市巴南区"医养结合"养老模式与路径研究 [D]. 重庆：重庆医科大学.

李佳，于昌健，2019. 日本"黄金计划"对我国长期照护服务体系构建的启示 [J]. 现代日本经济（3）：63 - 72.

李萌，杨婷婷，董四平，2021. 我国医养结合服务典型实践模式、困境与对策 [J]. 华西医学（12）：1641 - 1648.

李钕铃，2017. 福利多元主义视角下城市社区医养结合养老模式研究 [D]. 福州：福州大学.

李长远，张会萍，2020. 欠发达地区推进医养结合发展的实践模式、现实障碍及破解路径：基于宁夏三市的案例分析 [J]. 宁夏社会科学（4）：105 - 113.

廖芮，张开宁，王华平，等，2017. 我国健康老龄化背景下的医养结合：基本理念、服务模式与实践难题 [J]. 中国全科医学（3）：270 - 277.

刘洁，鲁捷，2022. 医养结合养老模式困境及对策 [J]. 合作经济与科技（6）：166 - 167.

刘明，梁中华，吴嘉璐，2020. 我国人口迁移流动特点及未来展望 [J]. 经济研究参考（14）：5 - 17.

刘清发，孙瑞玲，2014. 嵌入性视角下的医养结合养老模式初探 [J]. 西北人口，35（6）：94 - 97.

刘文心，封莹，黄婷，等，2021. 江苏省中医药医养结合模式的现状、问题及建议探讨 [J]. 现代商贸工业，42（32）：14 - 16.

刘稳，徐昕，李士雪，2015. 基于 SWOT 分析的"医养结合"养老服务模式研究 [J]. 中国卫生事业管理，32（11）：815 - 817，822.

鲁元珍. 2022. 让社区成为家门口的"养老院" [N]. 光明日报，2022 - 03 - 17 (015).

罗婧，罗玉茹，鞠梅，2019. 国外"医养结合"照护模式介绍及经验启示 [J]. 中国老年学杂志（9）：2277 - 2283.

罗丽娜，2020. "候鸟式"养老产业发展路径及保障体系分析 [J]. 戏剧之家（7）：228.

马丽丽，陈娜，汤少梁，2016. 医养结合养老机构养老服务发展政策研究 [J]. 医学与社会（4）：40 - 43.

孟颖颖，2016. 我国"医养结合"养老模式发展的难点及解决策略 [J]. 经济纵横（7）：98 - 102.

倪语初，王长青，陈娜，2016. 老龄化背景下我国医养结合机构养老模式研究 [J]. 医学与社会（5）：1 - 4.

庞庆泉，2021. 东莞市某医院养护中心医养结合模式研究 [J]. 医学与社会（10）：44 - 47.

青连斌，2022. 坚持积极老龄化理念，开发老龄人力资源 [N]. 中国劳动保障报，2022 - 03 - 15 (03).

佘瑞芳，谢宇，刘泽文，等，2016. 我国医养结合服务发展现状分析与政策建议 [J]. 中国医院管理（7）：7 - 9，66.

史晓丹，2021. 医养结合养老模式的实践困境及出路探索 [J]. 发展研究，38（12）：57 - 63.

睢党臣，彭庆超，2016. "白发浪潮"下我国医养结合养老服务的发展困境与对策研究 [J]. 宁夏社会科学 (4)：134 - 141.

王林，法若冰，王长青，2017. 国外长期护理模式对我国医养结合养老模式的启示 [J]. 南京医科大学学报（社会科学版）(1)：17 - 21.

王浦劬，雷雨若，吕普生，2018. 超越多重博弈的医养结合机制建构论析：我国医养结合型养老模式的困境与出路 [J]. 国家行政学院学报 (2)：40 - 51，135.

王素英，张作森，孙文灿，2013. 医养结合的模式与路径：关于推进医疗卫生与养老服务相结合的调研报告 [J]. 社会福利 (12)：11 - 14.

伟松，2019. "整合照料"理念下社区养老服务政策研究 [D]. 重庆：西南大学.

吴侃，钱佳慧，罗会强，等，2016. 我国"医养结合"养老模式构建现状及存在问题探讨 [J]. 现代预防医学 (10)：1805 - 1807，1811.

吴瑞君，薛琪薪，罗志华，2022. 我国人口迁移和城镇化格局的转折性变化：2000 - 2020 年 [J]. 上海行政学院学报 (1)：74 - 86.

武留信，2018. 中国健康管理与健康产业发展报告 (2018) [M]. 北京：社会科学文献出版社.

阳义南，2021. 社会保障支持衔接机构型医养结合服务及其"梗阻"破除 [J]. 华中科技大学学报（社会科学版）(5)：19 - 26.

杨婷婷，李萌，董四平，2021. 典型国家医养结合服务模式比较分析及其启示 [J]. 华西医学 (12)：1758 - 1763.

袁晓航，2013. "医养结合"机构养老模式创新研究 [D]. 杭州：浙江大学.

张巍，吕芯芮，吕春华，等，2020. 医养结合养老服务模式发展现状 [J]. 中西医结合护理（中英文）(9)：261 - 267.

张旭，2014. 医养结合养老模式研究 [J]. 赤峰学院学报（汉文哲学社会科学版）(3)：102 - 104.

张雨，2019. 济南市城区医养结合养老模式的现状、问题及对策 [D]. 济南：山东大学.

赵晓芳，2017. 积极老龄化视角下的"医养结合"：英国的经验与启示 [J]. 社会福利（理论版）(5)：1 - 6，20.

郑函，王梦苑，赵育新，2019. 我国"医养结合"养老模式发展现状、问题及对策分析 [J]. 中国公共卫生 (4)：512 - 515.

郑先平，巩奕彤，刘雅，等，2018. 我国医养结合事业发展困境及其化解对策 [J]. 卫生软科学 (9)：12 - 15.

郑玥，2019. 我国医养结合养老模式发展研究 [D]. 北京：对外经济贸易大学.

周坚，邓绮琳，2019. 医养结合养老服务"供需错配"问题研究 [J]. 卫生经济研究 (10)：58 - 60，64.

朱文佩，林义，2022. 日本"医养结合"社区养老模式构建及对我国的启示：基于制度分析视角 [J]. 西南金融 (1)：76 - 87.

EVASHWICK C，AARONSON W，2006. The continuum of care today. After 20 years, what is the status of integration of services？ [J]. Health Progress (5)：46 - 55.

HÉBERT R，RAÎCHE M，DUBOIS MF，et al.，2010. Impact of PRISMA, a coordination - type integrated service delivery system for frail older people in Quebec (Canada)：a quasi -

experimental study [J]. J Gerontol (1)：107.

KIRSTEIN R，2009. Healthy Partnerships，Healthy Citizens? An International Review of Partnerships in Health and Social Care and Patient/User Outcomes [J]. Social Science and Medicine (69)：1798 - 1804.

MUI AC，2001. The Program of All - Inclusive Care for the Elderly (PACE)：an innovative long - term care model in the United States [J]. Journal of Aging & Social Policy (2 - 3)：53 - 67.

PINKA C，BURSTEIN N R，KIDDER D，et al.，1998. Evaluation of the Program of All Inclusive Care for the Elderly (PACE) Demonstration the Impact of PACE on Participant Outcomes [R]. Cambridge：Abt Associates Inc.

POWELL J L，2012. Personalization and community care：a case study of the British system [J]. Ageing Int (1)：16 - 24.

SONG P，TANG W，2019. The community - based integrated care system in Japan：health care and nursing care challenges posed by super - aged society [J]. BioScience Trends (3)：279 - 281.

STEWART J，GEORGIOU A，WESTBROOK I，2013. Successfully integrating aged care services：a review of the evidence and tools emerging from a long - term care program [J]. InternationalJournal of Integrated Care (3)：3.

SUDO K，KOBAYASHI J，NODA S，et al.，2018. Japan's healthcare policy for the elderly through the concepts of self - help (Ji - jo)，mutual aid (Go - jo)，social solidarity care (Kyo - jo)，and governmental care (Ko - jo) [J]. Bioscience trends，12 (1)：7 - 11.

健康风险认知对灵活就业人员投保普惠型商业医疗保险意愿的研究分析

——以穗岁康为例

曹林溪　李韵婷

1　绪论

1.1　研究背景和问题的提出

健康不仅是人类维系生命的基础，同时也是经济社会可持续发展的重要保障。习近平总书记指出："中国政府高度重视维护人民健康并在深化改革、健全全民医保制度、完善医疗卫生服务体系、建立基本药物制度、推进基本医疗和公共卫生服务均等化方面取得了重要进展。"基于上述经济社会背景与政策制度，广大群众对健康的关注度越来越高。

公众自身的健康素养是影响全民健康水平的重要因素。其中，提升个体的健康认知、增强风险防范意识，有利于遏制传染病传播或突发公共卫生危机的蔓延、提升慢性病防治效果以及改善其他公共卫生问题等。在风险社会中，个体的风险认知是其行为决策背后的主要动机。同理，在健康领域，个体的健康风险认知则会影响其医疗决策与健康行为。

《健康中国 2030 规划纲要》（以下简称为《纲要》）明确提出，国家将从战略层面统筹解决关系健康的重大和长远问题。《纲要》同时指出，未来 15 年，是推进健康中国建设的重要战略机遇期。

随着共享经济与平台经济的兴起发展，灵活就业正成为一种新型的就业形式，灵活就业人数越来越多。国家统计局的相关数据显示，到 2021 年底我国灵活就业人数已经增长至 2 亿人。对于规模如此庞大的灵活就业人群，其健康保障问题备受关注。然而，相较于普通就业人群，灵活就业人员不稳定的职业特征成为其参加基本医疗保险的重要阻力。基本医疗保障水平较低，而一般商业医疗保险参保门槛较高、保费昂贵，都使得灵活就业人员未能通过医疗保险实现对健康的有效保障。

医疗保险对保障人们的生活安定发挥着重要作用，在各级政府部门的指导下，普惠型商业医疗保险开始迅速发展。其"低门槛、低保费、高保额"的特点能够填补"低水平、广覆盖"的基本医疗保险与"高水平、高保费"的一般商业医疗保险间的空白，对全民健康的目标实现具有重要意义。因此，普惠型商业医疗保险的出现，对于灵活就业人员来说是一种新的选择。

但现阶段，关于灵活就业人员对普惠型商业医疗保险的投保意愿以及这一意愿的影响因素还有待明确。因此，如何通过普惠型商业医疗保险保障灵活就业人员的健康需求成为一个很重要的议题。本文以灵活就业人员为研究对象，以广东省广州市"穗岁康"商业补充健康保险作为普惠型商业医疗保险产品的典型代表，探究健康风险认知对灵活就业人员保险购买意愿的影响，并提出相关对策建议。

1.2 研究意义

1.2.1 理论意义

本文立足健康风险认知的视角，旨在揭示灵活就业人员投保普惠型商业医疗保险意愿的驱动因素，并通过问卷调查法对提出假设进行检验。在文献整理和实际调研的基础上，提出"健康风险—认知—购买行为意愿"的理论模型，厘清影响参保行为的影响因素。本文验证了公众在健康领域方面的风险认知能力，以及这种认知与特定医疗保险投保意愿之间的关系，研究结论为加强特定群体的健康保障提供有价值的借鉴。

商业医疗保险作为多层次医疗保障体系中的重要部分，其投保的影响因素一直是众多专家学者关注的焦点。在现阶段研究成果中，有不少是从消费者个体角度展开的研究。其中多是从购买者人口特征、受教育水平、家庭收入等客观因素对商业健康险购买意愿影响的分析，缺乏对主观因素的分析，而对健康风险认知层面的研究就更加不足。此外，已有文献在对个体进行分类研究时，多以农村户籍和城镇户籍进行划分，以灵活就业人员为研究对象的研究也存在空白。因此，本文基于健康风险认知的影响机理，对灵活就业人员投保普惠型商业医疗保险的意愿进行实证分析，检验其影响行为及背后可能的原因，在一定程度上对现有研究范畴进行补充。

1.2.2 现实意义

首先，健康是一个人最重要的财富。个体对健康风险的认知则是健康保障的基础前提，进而可能影响医疗保险的购买决策，本文的研究有助于个体增强对健康风险的认知能力，为健康提供超前保障。

其次，普惠型商业医疗保险已成为新形势下健康领域的重大课题。其保障水平高、保障范围广、参保门槛低等特点可以补充基本医疗保险与一般商业医疗保险的不足，满足更多群体的保障需求，为社会保障体系的完善添砖加瓦。但是由于个体认知差异或客观条件的不同，其发展仍然受限。本文的实证研究力图说明健康风险认知对商业医疗保险投保意愿的重要影响，并从购买者、保险机构、政府部门、监管机构等角度提出相关建议，以更大限度发挥商业医疗保险的风险保障作用，促进国民健康水平的提升。

1.3 研究内容与研究方法

1.3.1 研究内容

本文主要探讨健康风险认知是否会影响灵活就业人员商业医疗保险的参保行为，具体而言，当灵活就业人员对健康风险认知程度较高，而基本医疗保险与一般商业医疗保险难以达到保障要求，是否会驱动灵活就业人员购买普惠型商业医疗保险。基于此，本文通过问卷调查得到数据，并对研究假设进行实证分析，试图回答以下问题：

（1）灵活就业人员投保普惠型商业医疗保险的意愿如何？

（2）这种意愿与投保一般商业医疗保险的意愿有没有差异？

（3）不同人口特征（性别、家庭、经济收入、受教育程度……）的灵活就业人员的投保意愿是否存在显著差异？

（4）健康风险认知如何影响灵活就业人员对普惠型商业医疗保险的投保意愿？

1.3.2 研究方法

（1）文献研究法

根据研究需要，利用中国学术期刊网、中国知网等相关数据库进行检索，查找阅读国内外与健康风险认知、普惠型商业医疗保险、灵活就业人员等相关的资料和文献，对信息进行归纳、梳理、总结和分析，为写作思路与结构框架的确定提供参考。

（2）问卷调查与实证研究

主要用于分析解释变量与被解释变量之间的关系。通过对广东省广州市的灵活就业人员发放问卷以获取数据，进行数据分析得出结论。

（3）定性与定量研究相结合的方法

从系统角度出发，收集和梳理与健康风险认知、灵活就业人员、商业健康保险相关的国内外文献，总结投保医疗保险的影响因素，基于此选取变量并提出理论假设。以广州市灵活就业人员问卷为依据，运用实证分析得出结论。

1.4 可能创新之处

本文可能的创新之处包括以下几点：

第一，从现有文献来看，国内外专家学者多从性别、年龄、受教育程度、所处地区等人口特征层次及经济情况、参加基本医疗保险情况等客观角度分析商业医疗保险投保的影响因素，本文区别于以往研究，从健康风险认知这一主观角度进行分析，探讨健康领域风险认知与行为决策之间的关系。

第二，本文结合所处经济背景，顺应时代潮流，选取规模愈发庞大的灵活就业群体为研究对象，聚焦医疗保障体系完善过程中的"问题人群"，试图提出相关对策建议。

第三，本文研究的保险是特定的商业医疗保险，即区别于基本医疗保险、商业医疗保险的普惠型商业医疗保险。使研究内容更加贴近灵活就业人员的现实情况，深入分析该类人群提升健康保障水平的方式方法。

2 相关概念界定与文献综述

2.1 概念界定

2.1.1 健康风险认知

对健康风险认知至今还没有统一的界定标准，不同的专家学者根据不同的研究范畴作出了相应的理论解释。Slovic（1987）认为风险认知是个体对各种外部客观风险的认识和感知，强调个人通过主观感受和直观判断获得的经验对个人认知的影响；曹锦丹等（2016）将风险定义为一种不确定性的可能状态，而风险认知则是人们对风险的一种主观直觉。刘金平（2011）通过世界卫生组织对健康风险诸多因素的评估与质性访谈的结果，将健康风险认知总结为人们对影响身心健康及人身安全的各种活动、因素及常见疾病的基本认知。

由诸多学者的理论解释可以看出风险认知强调人们对客观事物的主观判断。结合健康领域，本研究则将健康风险认知定义为人们对能够损害自身健康的各种不可测事件发生可能性的主观认识和判断。

2.1.2 灵活就业人员

国际劳工组织（ILO）（2016）定义正规就业为构成双方直接从属关系的全日制固定期限雇佣就业，非正规就业则是在相对传统劳动关系下提出的概念。而在我国，随着互联网经济发展衍生出的灵活就业已成为一种新型就业形式，是一种中国特色的"非标准劳动关系"。李坤刚（2019）表示，灵活就业人员应是与用人单位未签订正式劳动合同且达到法定就业年龄的劳动人群。

可以看出，灵活就业人员碎片化程度很高，数量庞大而职业种类繁多，其收入水平也呈两极分化趋势。基于研究的现实意义，本文主要选取符合灵活就业定义的低收入人群为研究对象，这类人员多以体力劳动为主、仅需掌握基本的技能即可上岗，如外卖配送员、网约车司机等。

2.1.3 普惠型商业医疗保险

普惠型商业医疗保险是一种创新型保险,许荣庭等(2022)指出普惠型商业医疗保险兼顾了全民机会平等与商业可持续性原则。作为一种填补了基本医疗保险与商业健康保险空白的新型健康保险产品,其在一定程度上强化了对弱势群体的保障,为构建多层次医疗保障体系发挥了重要作用。

普惠型商业医疗保险以城市为基础,一城一险。本文以广东省广州市的穗岁康商业补充健康保险(以下简称"穗岁康")为例进行研究分析。

2.2 研究现状

2.2.1 健康风险认知的现状研究

随着经济社会的发展,近些年来健康领域的热点逐步由被动的患病治疗转向主动的疾病预防上。作为健康医疗领域和风险认知理论的交叉点,Brewer等(2007)将风险认知作为健康行为理论的核心,奠定了健康风险认知领域的研究基础。

黄桂梅等(2009)提出,健康风险认知可以影响个体的医疗行为和健康决策。前人多数研究认为风险认知和随后的健康行为呈负相关关系,但后续Gerard等(1996)及Pligt J(1998)一众学者在研究中没有发现负相关关系甚至提出正相关理论。Pennings等(2002)以疯牛病为例,验证了不同国家的个体对风险认知有所区别。Savadori等(2004)发现普通消费者对生物技术应用的风险认知水平明显高于专业学者。Krewski等(2008)探讨了健康风险认知的影响因素有经济状况、职业压力、生活方式等。黄彪文等(2015)认为健康观念、科学知识与生活经验等的差异是造成专家与非专业人士对健康风险认知差异的根源。兰雪等(2019)则侧重研究健康风险认知与信息行为之间的相关关系;曹锦丹等(2019)同时对信息交互理论和交互行为进行梳理,构建关联模型;王崇梁等(2020)确定了提升个体对健康风险的认知并促进行为改变的信息种类。而韦艳等(2021)以贫困地区居民为研究对象,探讨了健康扶贫政策对其健康风险认知的影响,从而为健康扶贫提供依据。

综上,从目前的文献来看,对于健康风险认知的研究主要聚焦风险认知与健康行为的关系及对于不同健康风险认知的影响因素上。

2.2.2 投保商业医疗保险行为的现状研究

商业医疗保险的保障对象是自愿参保的居民,这样的特点使许多学者想要探究影响个体投保行为的因素。从现有文献来看,学者们看法不一。但总体来看,学术界多从保险消费方视角进行分析。

Cameron等(1988)利用效用最大化理论推导出医疗保险需求方程,研究说明医疗保险的选择是关于消费者个体健康、经济、社会、偏好等特征的函数。Doiron 等（2008）通过构建面板数据模型，发现个体的风险偏好也会影响商业医疗保险的投保需求。徐燕（2016）选择灰色关联的分析方式，证实了人们对于保险的认知程度与购买水平显著影响了对商业医疗保险的需求。此外，瞿栋等（2010）采用似不相关二维 Probit 模型与工具变量，许荣等（2013）运用双重差分方法和 Probit 模型，以中国农村的居民为研究对象，实证分析个体年龄、家庭规模、家庭收入、是否患有慢性病及所处地区的特征等对乡村农业居民选择商业医疗保险的意愿影响，同时指出新农合对商业医疗保险需求会起到一定刺激作用，而非排斥效应。朱若然等（2018）通过二元概率单位模型，侧重研究城镇居民商业医疗保险选择行为的影响因素。马丽娜（2022）则通过构建贝叶斯网络，挖掘出年龄、受教育程度、社交类型、居住地类型和是否吸烟五个影响中老年人投保商业医疗保险的特征模式。同时，刘金华等（2019）通过构建 Logistic 模型，发现社会互动、社会信任有助于提高我国居民商业医疗保险的投保比例，提高医疗保障水平。高立飞等（2021）基于 2017 年中国综合社会调查的数据，利用 Probit 模型和倾向性评分匹配等方法，对人口快速流动造成居民面对的健康风险陡增的现象进行探讨，实验结果显示，人口流动促使居民购买商业医疗保险的概率显著上升。

此外，基于国家提升医疗保障水平、鼓励发展商业医疗保险的政策背景，普惠型商业医疗补充保险是建设多层次医疗保障体系的现实需要。普惠型医保因其投保门槛低、保费低、保额高的优势，迎来了投保人数爆发式增长。

目前针对普惠型商业医疗补充保险的研究，由于发展路径尚未成熟，王怡诺等（2021）、苏泽瑞（2021）、张璐莹等（2021）、徐徐等（2022）诸多学者侧重研究其参保率低、补充作用不突出、产品同质化严重等问题，探究在多层次医疗保障体系视角下，如何保证普惠型医保的可持续性发展，进而推动商业医疗保险的高质量发展。

2.2.3 灵活就业人员医疗保险的参保现状研究

在经济社会发展全面转型的背景下，我国就业形式与格局的巨大变化为医疗保险制度带来了机遇与挑战。萧绛（2003）指出将灵活就业人群纳入医保范畴，是社会保险大数法则的要求，不仅有利于鼓励劳动者多种形式的就业，也有利于中国医疗保障体系的完善。

基于上述政策背景，众多学者将对灵活就业人员医疗保险问题现状的研究及思考作为研究对象。马海燕（2004）从灵活就业人员工作特点的角度，探讨了此类人群投保医疗保险的必要性。李兴友等（2006）深入分析了灵活就业人员参保所存在的问题，提出从八个层面建立合理机制以完善参保工作深入开展的建议。李秀红等（2006）就灵活就业人员参保率低探讨了其中的原因。此外，王虎峰（2009）基于对 11 个城市的调查分析，利用 Logistic 回归分析，提出户籍和家庭人均月收入是影响灵活就业人群参保行为最重要的因素。刘俊霞等（2016）基于逆向选择的理论，聚焦分析了灵活就业人员内部不同类别群体参保的差异，并提出以团体参保限制逆向选择。封进等（2018）基于参保人员的逆向选择问题指出潜在的基金运行风险。何文等（2020）运用中国劳动力动态调查数据（CLDS），实证证明灵活就业人员参加医疗保险受健康风险显著正向影响，同时从收益归属的角度说明低收入的参保人获取了大量医疗福利，医保发挥了积极的正向分配作用。匡亚林等（2021）基于利益主体责任角度，对新业态灵活就业人员的社会保障问题提出对策建议。

由此看来，现有文献多以灵活就业人员医疗保险参保率低的现状为背景，聚焦分析其背后的原因或参保行为的影响因素。

2.3　简要评述与总结

商业医疗保险可以弥补基本医疗保险的不足，有利于分散个体的健康风险，提升健康保障水平。在梳理和归纳大量文献资料后，笔者发现，不同专家学者多从投保者的人口特征等客观视角研究商业医疗保险投保行为的影响因素，只有少部分从风险认知的角度出发，研究认知与行为的关系。在研究对象上，大多集中在城市户籍和农村户籍两类人群上，聚焦灵活就业人员的研究不多。与之前的研究方向相比，本文试图拓展研究对象范畴，从投保者的主观视角进行分析，探究其参保行为，并进一步研究其行为背后的原因，提出相关意见建议。

3　研究设计

3.1　研究假设

基于前文的研究现状与理论成果整理，本文提出以下四个研究假设：

灵活就业人员已成为我国就业人群的重要组成部分，从其行业构成可以看出，灵活就业人群规模庞大且涉及行业领域极其广泛，工作灵活，形式多样，职业特点的高度不确定性造成了对其管理的复杂性。诸多原因导致灵活就业人群基本医疗保险参保率低的现状。一方面，基本医疗保险难以满足该类群体对健康保障的需求；另一方面，大部分灵活就业人员又因为收入较低且不稳定的原因，无法购买或无法持续支付保费昂贵的商业医疗保险产品来获得健康保障。而普惠型商业医疗保险以其多层次、全覆盖的特点填补了基本医疗保险与一般商业医疗保险间的空白，成为灵活就业人员抵御健康风险的新选择。据此笔者提出假设1与假设2。

假设1　灵活就业人员投保普惠型商业医疗保险的意愿较高。

假设 2 灵活就业人员对于普惠型商业医疗保险与一般商业医疗保险的投保意愿存在差异。

从现有文献可以看出，多数专家学者认为人口特征会影响商业医疗保险的投保行为。例如受教育程度高的人群获取保险相关信息的可能性更大，且更容易作出健康决策；收入水平会影响商业医疗保险的参保率，且二者呈正相关关系；此外，个体的性别、户籍、婚姻状态等也会影响商业健康险的投保。鉴于普惠型商业医疗保险亦属于商业医疗保险范畴，基于前人的研究成果，进而提出假设 3。

假设 3 灵活就业人员对于普惠型商业医疗保险的投保意愿会因人口特征（性别、家庭、收入水平、受教育程度……）的不同存在差异。

行为决策背后的主要动机是个体对风险的认知，即风险认知水平越高，个体越倾向于停止原有的危险性行为或采取保护性行为来减少甚至制止危险。而在健康领域，投保商业医疗保险则是抵御疾病风险的有效保护性手段。基于此，本文提出假设 4。

假设 4 健康风险认知对于灵活就业人员投保普惠型商业医疗保险行为有显著影响。

3.2 变量设计

3.2.1 解释变量

本文的解释变量为健康风险认知，笔者选取被调查者的健康风险自我评分进行讨论。其中，个体认为自身健康风险"很低"赋值为 1，"低"赋值为 2，"一般"赋值为 3，"高"赋值为 4，"很高"赋值为 5。

3.2.2 被解释变量

本文的被解释变量为普惠型商业医疗保险的投保意愿，因本文研究对象是广东省广州市的灵活就业人员，故问卷中特指城市定制型的普惠商业医疗险即"穗岁康"商业补充医疗保险。文中选取问卷中"是否购买穗岁康"作为普惠型商业医疗保险投保意愿的变量，是二分变量。其中，"没有购买"赋值为 0，"已经购买"赋值为 1。

3.2.3 控制变量

本文引入人口特征为控制变量：性别，"男"赋值为 1、"女"赋值为 2；年龄，"16～25 周岁"赋值为 1、"26～35 周岁"赋值为 2、"36～45 周岁"赋值为 3、"46～55 周岁"赋值为 4；婚姻状况，"未婚"赋值为 1、"已婚"赋值为 2、"离婚"赋值为 3；户籍设置为城镇户籍、农村户籍、本地户口、外地户口；受教育程度，"初中及以下"赋值为 1、"高中（中专）"赋值为 2、"大专"赋值为 3、"本科及以上"赋值为 4；个人月基本收入（未扣除社保），"3 500

元以下"赋值为 1、"大于等于 3 500 元且小于 5 000 元"赋值为 2、"大于等于
5 000 元且小于 8 000 元"赋值为 3、8 000 元以上赋值为 4。

3.3 调研过程

3.3.1 问卷设计

在整合了国内外专家学者的研究成果,涉及健康领域风险认知与行为决策
的关系理论,商业医疗保险需求的影响因子,灵活就业人员的健康保障现状等
基础上,笔者结合理论基础编制了调查问卷初稿。继而通过微信、美团、滴滴
等应用软件以及线下调研等方式筛选了数位灵活就业人员进行预调研,在预调
研结束后对问卷初稿进行了修改与补充,最终拟定出合适的调查问卷。

3.3.2 样本的选取

本次研究的调查对象是符合本文定义的灵活就业人员,主要包括外卖骑
手、网约车司机等。抽样尽量满足可行性、随机性等原则,目的是研究健康风
险认知对灵活就业人员购买普惠型商业医疗保险意愿的影响。

3.3.3 问卷的发放回收

本次调查问卷采用的是线上填写方式,将拟定好的问卷通过问卷星平台生
成二维码与链接,通过好友邀请等方式完成填写。问卷的有效填写时间为
2022 年 3 月 4 日至 3 月 9 日。总共发放问卷 211 份,最终回收问卷 211 份,回
收率达 100%。剔除答案完全一致的无效问卷 3 份后,剩余有效问卷 208 份,
问卷有效率为 98.58%。

3.4 问卷调查数据分析

3.4.1 被调查者画像分析

(1) 性别、年龄与婚姻状况

在 208 份样本中,有男性 180 人,占据总样本量的 86.54%;女性 28 人,
占总样本的 13.46%。本次调查显示,被调查者年龄集中在 26～35 周岁,占
样本总量的 42.79%;其次是 36～45 周岁、46～55 周岁,分别占到样本量的
31.25%、13.94%;16～25 周岁的人数最少,仅占样本总量的 12.02%;被调
查者中没有 56 周岁及以上年龄段的人(图1)。此外,本次被调查者的婚姻状
况中,已婚者 139 人、离异者 42 人、未婚者 27 人,分别占样本总量的
66.83%、20.19%、12.98%,参与调查人员中没有丧偶者。

(2) 学历与收入水平

参与本次调查的被调查者学历水平分别为初中及以下、高中(中专)、大
专、本科及以上。其中,拥有初中及以下和高中(中专)学历者分别占样本总
量的 41.35%、37.98%;其次是拥有大专和本科及以上学历者,分别占样本

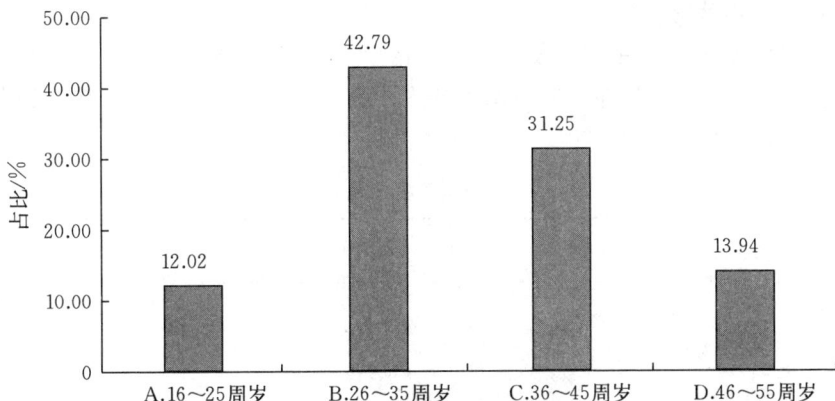

图1　被调查者年龄分布

总量的 12.98％、7.69％（表1）。考虑到被调查者的现实从业情况，可见样本数据结构基本合理。由于投保商业医疗保险需要考虑个体的经济状况，故问卷中添加了月收入水平题项。本次调查显示，个人月基本收入（未扣除社保）在大于等于 5 000 元且小于 8 000 元区间占比最高，达 51.92％，共计 108人；接下来依次是 8 000 元以上、大于等于 3 500 元且小于 5 000 元和 3 500元以下区间，对应人数分别为 81 人、12 人和 7 人，占比 38.94％、5.77％和 3.37％（表2）。

表1　被调查者学历水平

选　项	频　数	占比/％
初中及以下	79	37.98
高中（中专）	86	41.35
大专	27	12.98
本科及以上	16	7.69

表2　被调查者月基本收入（未扣除社保）情况

选　项	频　数	占比/％
3 500 元以下	7	3.37
大于等于 3 500 元且小于 5 000 元	12	5.77
大于等于 5 000 元且小于 8 000 元	108	51.92
8 000 元以上	81	38.94

(3) 户籍状况

参与调查的人中有 114 人为农村户籍，占比 54.81%；有 94 人为城镇户籍，占比 45.19%。此外，参与调查的人中有 83 人为本地户口，有 125 人为外地户口，分别占比 39.90%，60.10%（表 3）。

表 3   被调查者户籍状况

选 项	频 数	占比/%
农村户籍	114	54.81
城镇户籍	94	45.19
本地户口	83	39.90
外地户口	125	60.10

3.4.2   被调查者健康风险认知、普惠保参保状况

本文的健康风险认知指的是个体对能够导致自身健康损害的各种不可预测事件可能性的主观认识与判断。关于对健康风险认知水平的调查，从被调查者对自身的健康状态认知、健康风险认知、日常锻炼情况、常规体检情况和不良生活习惯等五个方面展开。由表 4 可知，大多数被调查者对自身的健康状况持比较乐观的态度。而表 5 显示，虽然多数人认为自己目前还算健康，但潜在的健康风险还是比较高的。对于这种现象，可能与被调查者的不良生活习惯有关，由表 6 可知，大部分的被调查者都存在较多（如抽烟、喝酒、熬夜等）不利于健康的生活习惯。从表 7 与表 8 可以看出，被调查者的健康意识还是较强的，平时会通过锻炼与体检等来增进健康，防范患病风险。

在普惠型商业医疗保险参保方面，调查结果显示 68.27% 的被调查者投保了普惠型商业医疗保险，其中 59.15% 的人选择持续参保及尽力持续参保；而未投保群体中仅 13.64% 的人群表示完全没有投保意愿。

表 4   被调查者健康状态认知

选 项	频 数	占比/%
很好	60	28.85
好	77	37.02
一般	34	16.35
不好	30	14.42
很不好	7	3.37

表5 被调查者健康风险认知

选 项	频 数	占比/%
很高	58	27.88
高	87	41.83
一般	11	5.29
低	41	19.71
很低	11	5.29

表6 被调查者不良生活习惯

选 项	频 数	占比/%
较多	50	24.04
有几种	68	32.69
很少	61	29.33
几乎没有	29	13.94

表7 被调查者日常锻炼情况

选 项	频 数	占比/%
经常	61	29.33
有时	80	38.46
很少	62	29.81
从不	5	2.4

表8 被调查者常规体检情况

选 项	频 数	占比/%
定期体检	64	30.77
有时体检	73	35.1
很少体检	62	29.81
从不体检	9	4.33

3.4.3 信度效度检验

（1）信度检验

信度分析主要用来说明问卷调查中量表所测结果的稳定性及一致性，即用于检验问卷中样本数据是否可靠可信。本次研究采用内部相同性系数即科隆巴赫系数作为信度指标。科隆巴赫系数越大则代表可信度越好，本次量表的信度系数为0.821，大于0.8，因而说明研究数据比较可靠（表9）。

表9 信度检验

项　数	样本量	Cronbach's α 系数
10	208	0.821

（2）效度检验

效度分析通常用来说明问卷量表的有效性和正确性，即分析问卷题目的设计是否合理。效度分析结果主要看 KMO 值和 sig.（显著性），KMO 值越大，则越能说明调查问卷中设计的自变量有一定的联系，问卷有效；sig.＜0.01 说明该问卷符合做因子分析的条件，下一步则可以进行因子分析。本次问卷 KMO 值为0.919，球形度 sig. 为0.000，说明数据有效性高，适合提取信息（表10）。

表10 KMO 和 Bartlett 检验结果

指标		值
KMO		0.919
Bartlett 球形度检验	近似卡方	2 534.677
	自由度	231
	sig.	0.000

3.4.4　样本数据描述性统计

表11对问卷的主要变量分别进行了赋值说明，并通过平均值、标准差和中位数等进行描述性统计。

表11 主要变量描述性统计

变　量	赋值说明	平均值	标准差	中位数
性别	男性赋值为1，女性赋值为2	1.135	0.342	1.000
年龄	16～25 周岁赋值为1，26～35 周岁赋值为2，36～45 周岁赋值为3，46～55 周岁赋值为4	2.471	0.879	2.000
学历	初中及以下赋值为1，高中（中专）赋值为2，大专赋值为3，本科及以上赋值为4	1.904	0.901	2.000
婚姻状况	未婚赋值为1，已婚赋值为2，离婚赋值为3	2.072	0.573	2.000

（续）

变　　量	赋值说明	平均值	标准差	中位数
个人月基本收入（未扣除社保）情况	3 500 元以下赋值为 1，大于等于 3 500 元且小于 5 000 元赋值为 2，大于等于 5 000 元且小于 8 000 元赋值为 3，8 000 元以上赋值为 4	3.264	0.717	3.000
健康状态认知	健康状态很好赋值为 1，好赋值为 2，一般赋值为 3，不好赋值为 4，很不好赋值为 5	2.264	1.126	2.000
健康风险认知	健康风险很低赋值为 1，低赋值为 2，一般赋值为 3，高赋值为 4，很高赋值为 5	3.673	1.223	4.000
日常锻炼情况	经常锻炼赋值为 1，有时锻炼赋值为 2，很少锻炼赋值为 3，从不锻炼赋值为 4	2.053	0.829	2.000
常规体检情况	经常体检赋值为 1，有时体检赋值为 2，很少体检赋值为 3，从不体检赋值为 4	2.077	0.881	2.000
不良生活习惯	不良生活习惯较多赋值为 1，有几种赋值为 2，很少赋值为 3，几乎没有赋值为 4	2.668	0.993	3.000
对商业医疗保险认知	完全不清楚赋值为 1，不清楚赋值为 2，一般了解赋值为 3，较了解赋值为 4，非常了解赋值为 5	3.572	1.114	4.000
对商业医疗保险相关政策满意度	完全不满意赋值为 1，不满意赋值为 2，一般赋值为 3，较满意赋值为 4，非常满意赋值为 5	3.043	1.087	3.000
对投保商业医疗保险重要程度认知	完全不重要赋值为 1，不重要赋值为 2，一般赋值为 3，较重要赋值为 4，非常重要赋值为 5	3.755	1.122	4.000
对普惠型商业医疗保险认知	完全不清楚赋值为 1，不清楚赋值为 2，一般赋值为 3，较了解赋值为 4，非常了解赋值为 5	3.572	1.218	4.000
对普惠型商业医疗保险相关政策满意度	完全不满意赋值为 1，不满意赋值为 2，一般赋值为 3，较满意赋值为 4，非常满意赋值为 5	3.697	1.125	4.000
对投保普惠型商业医疗保险必要程度认知	完全不必要赋值为 1，不必要赋值为 2，一般赋值为 3，比较必要赋值为 4，非常必要赋值为 5	3.731	1.157	4.000

（续）

变　　量	赋值说明	平均值	标准差	中位数
是否已经投保普惠型商业医疗保险	没有投保赋值为 0，已经投保赋值为 1	0.683	0.467	1.000
对普惠型商业医疗保险目前的投保意愿	不想投保赋值为 1，要和家人商量赋值为 2，持观望态度赋值为 3，想投保赋值为 4	2.773	1.005	3.000
对普惠型商业医疗保险目前的投保顾虑	个人收入不稳定赋值为 1，报销待遇等是否合适赋值为 2，投保是否方便赋值为 3，持续参保问题赋值为 4	2.000	0.977	2.000
是否打算持续投保普惠型商业医疗保险	决定退保赋值为 1，可能不参保赋值为 2，取决于收入赋值为 3，尽力持续参保赋值为 4，持续参保赋值为 5	3.599	1.197	4.000

4　实证分析

4.1　配对 t 检验

该分析利用配对 t 检验去研究实验数据的差异性。从表 12 可以看出：总共 3 组配对数据，其中有 1 组配对数据呈现出差异性（$p<0.05$）。即：一般商业医疗保险相关政策满意度和普惠型商业医疗保险相关政策满意度存在显著差异（$t=-8.811$，$p=0.000$），进一步分析可知，商业医疗保险相关政策满意度的平均值 3.04，会明显低于普惠型商业医疗保险相关政策满意度的平均值 3.70。

表 12　配对 t 检验分析结果

题　项	配对（平均值±标准差）		差值（配对1-配对2）	t	p
	配对 1	配对 2			
一般商业医疗保险认知配对普惠型商业医疗保险认知	3.57±1.11	3.57±1.22	0.00	0.000	1.000
一般商业医疗保险相关政策满意度配对普惠型商业医疗保险相关政策满意度	3.04±1.09	3.70±1.12	−0.65	−8.811	0.000**
投保一般商业医疗保险重要程度认知配对投保普惠型商业医疗保险必要程度认知	3.75±1.12	3.73±1.16	0.02	0.363	0.717

注：*、**分别表示在 5%、1%的水平上显著，下同。

4.2 二元 Logit 回归分析

将健康风险认知、性别、年龄、学历、婚姻情况、个人月基本收入（未扣除社保）情况、户籍、户口作为自变量，将是否已经投保普惠型商业医疗保险作为因变量进行二元 Logit 回归分析。总共有 208 个样本参加分析，并且没有缺失数据。

首先对模型整体有效性进行分析。从表 13 可知，此处模型检验的原定假设为：是否放入自变量的两种情况时模型质量均一样；这里 p 小于 0.05，拒绝原定假设，即说明本次构建模型时，放入的自变量具有有效性，本次模型构建有意义。

表 13　二元 Logit 回归模型似然比检验结果

模型	-2 倍对数似然值	卡方值	df	p	AIC 值	BIC 值
仅截距	259.927					
最终模型	107.350	152.576	8	0.000	125.350	155.388

从表 14 可知，将健康风险认知、性别、年龄、学历、婚姻情况、个人月基本收入（未扣除社保）情况、城镇户籍、本地户口共 8 项作为自变量，而将是否已经投保普惠型商业医疗保险作为因变量进行二元 Logit 回归分析。模型公式为：$\ln(p/1-p) = -7.267 + 2.102 \times$ 健康风险认知 $- 0.538 \times$ 性别 $- 0.142 \times$ 年龄 $- 0.550 \times$ 学历 $+ 0.837 \times$ 婚姻情况 $+ 0.385 \times$ 个人月基本收入（未扣除社保）情况 $- 0.094 \times$ 城镇户籍 $+ 0.075 \times$ 本地户口（其中 p 代表已经投保普惠型商业医疗保险；$1-p$ 代表没有投保普惠型商业医疗保险）。

表 14　二元 Logit 回归分析结果

变量	回归系数	标准误	z	Waldχ^2	p	OR 值	OR 值 95% CI
健康风险认知	2.102	0.282	7.461	55.672	0.000	8.178	4.709～14.204
性别	-0.538	0.734	-0.733	0.537	0.464	0.584	0.139～2.461
年龄	-0.142	0.341	-0.415	0.172	0.678	0.868	0.445～1.694
学历	-0.550	0.321	-1.710	2.925	0.087	0.577	0.308～1.083
婚姻情况	0.837	0.609	1.375	1.891	0.169	2.309	0.700～7.614
个人月基本收入（未扣除社保）情况	0.385	0.394	0.977	0.954	0.329	1.469	0.679～3.179
城镇户籍	-0.094	0.513	-0.183	0.034	0.855	0.910	0.333～2.489

（续）

变量	回归系数	标准误	z	Waldχ^2	p	OR 值	OR 值 95% CI
本地户口	0.075	0.524	0.143	0.020	0.886	1.078	0.386~3.011
截距	-7.267	2.282	-3.185	10.146	0.001	0.001	0.000~0.061

注：McFadden R^2：0.587。

Cox & Snell R^2：0.520。

Nagelkerke R^2：0.729。

具体分析：

健康风险认知的回归系数为 2.102，并且在 1‰的水平上显著（$z=7.461$，$p=0.000<0.01$），意味着健康风险认知会对是否投保普惠型商业医疗保险产生显著的正向影响。优势比（OR 值）为 8.178，意味着健康风险认知每增加一个单位时，是否投保普惠型商业医疗保险可能性的增加幅度为 8.178 倍。

性别的回归系数为 -0.538，但是并没有呈现出显著性（$z=-0.733$，$p=0.464>0.05$），意味着性别并不会对是否投保普惠型商业医疗保险产生影响。

年龄的回归系数为 -0.142，但是并没有呈现出显著性（$z=-0.415$，$p=0.678>0.05$），意味着年龄并不会对是否投保普惠型商业医疗保险产生影响。

学历的回归系数为 -0.550，但是并没有呈现出显著性（$z=-1.710$，$p=0.087>0.05$），意味着学历并不会对是否投保普惠型商业医疗保险产生影响。

婚姻情况的回归系数为 0.837，但是并没有呈现出显著性（$z=1.375$，$p=0.169>0.05$），意味着婚姻情况并不会对是否投保普惠型商业医疗保险产生影响。

个人月基本收入（未扣除社保）情况的回归系数为 0.385，但是并没有呈现出显著性（$z=0.977$，$p=0.329>0.05$），意味着个人月基本收入（未扣除社保）情况并不会对是否投保普惠型商业医疗保险产生影响。

城镇户籍的回归系数为 -0.094，但是并没有呈现出显著性（$z=-0.183$，$p=0.855>0.05$），意味着城镇户籍并不会对是否投保普惠型商业医疗保险产生影响。

本地户口的回归系数为 0.075，但是并没有呈现出显著性（$z=0.143$，$p=0.886>0.05$），意味着本地户口并不会对是否投保普惠型商业医疗保险产生影响。

综上，只有健康风险认知会对是否投保普惠型商业医疗保险产生显著的正向影响。性别、年龄、学历、婚姻情况、个人月基本收入（未扣除社保）情况、城镇户籍、本地户口并不会对是否投保普惠型商业医疗保险产生影响。

4.3 验证假设

通过对问卷结果进行数据分析、配对 t 检验及二元 Logit 回归分析后，需要判断前文所提出的假设是否成立。具体结果可见表 15。由统计结果可知，假设 1、假设 4 成立，假设 2 部分成立，而假设 3 不成立。

表 15　假设检验结果

假设内容	检验结果
假设 1 灵活就业人员投保普惠型商业医疗保险的意愿较高	成立
假设 2 灵活就业人员对于普惠型商业医疗保险与一般商业医疗保险的投保意愿存在差异	部分成立
假设 3 灵活就业人员对于普惠型商业医疗保险的投保意愿会因人口特征（性别、家庭、经济收入、受教育程度……）的不同存在差异	不成立
假设 4 健康风险认知对于灵活就业人员投保普惠型商业医疗保险行为有显著影响	成立

5　结论与对策建议

5.1　研究结果及讨论

本文通过对广东省广州市灵活就业人员参加普惠型商业医疗保险的情况进行调查统计及实证分析，得出以下结论：

灵活就业人员投保普惠型商业医疗保险的意愿较高。调查结果显示，68.27％的被调查者投保了普惠型商业医疗保险，其中 59.15％的人选择持续参保及尽力持续参保；而未投保群体中仅 13.64％的人表示完全没有投保意愿。说明，灵活就业人员有较强意愿通过投保普惠型商业医疗保险作为基本医疗保险的补充，强化自身的健康保障。

灵活就业人员对于普惠型商业医疗保险与一般商业医疗保险的投保意愿存在差异。笔者对一般商业医疗保险和普惠型商业医疗保险分别设置了认知程度、相关政策满意度、购买必要程度三方面的选项设计，以进行比较分析。结果显示，参与调查者对相关政策满意度存在显著性差异，且对普惠型商业医疗保险满意度水平明显高于一般商业医疗保险。其中，保障范围过窄、保费居高不下、产品类型单一等原因造成一般商业医疗保险难以满足灵活就业人员对于健康保障需求。

灵活就业人员对于普惠型商业医疗保险的投保意愿不会因人口特征（性

别、家庭、经济收入、受教育程度……）的不同存在差异。主要原因可能是普惠型商业医疗保险具备"普适、惠民，便捷"的特点，即普惠型商业医疗保险参保门槛低，投保程序方便快捷，保费低廉，并不会受投保人自身状况所限并且不会对投保人目前的生活现状造成压力。由此可以看出个体的人口特征并不会成为其投保普惠型商业医疗保险的门槛，便也不会成为投保意愿的影响因素。

健康风险认知对于灵活就业人员投保普惠型商业医疗保险行为有显著的正向影响。即灵活就业人员认为自身的健康风险越高，投保普惠型商业医疗保险的意愿就越强。同时也证实了健康领域风险认知会影响后续的行为决策，当个体认为未来出现疾病风险的可能性很大时，出于担心会主动寻求分散风险和降低损失的方式，对于灵活就业群体，投保普惠型商业医疗保险便成为一种理性决策。

5.2 对策建议

5.2.1 个人层面

在经济社会发展全面转型的背景下，人民对美好生活的需求日益增加，对健康水平也有了更高的追求。为响应"健康中国"的号召，提升个体健康水平，每个居民都应该主动获取并学习健康知识，重视健康教育，提高健康素养，更新健康观念，正确判断自己的健康状态，提升健康风险防范意识。

人们的健康思想已逐步由"治疗"向"预防"转变，未来的健康观念将会突破被动接受医疗卫生服务的束缚，形成以积极防范为主的新格局。基于此，个体应培养良好的生活方式和健康习惯，例如合理膳食，积极参加体育锻炼，定期体检，改变抽烟、喝酒、熬夜等不良习惯，同时保持乐观心态，有效管控各种危险因素以降低健康风险。

现实生活中每个人都会面临健康风险，不同的风险认知会导致不同的行为决策。为增强抵御风险的能力，个体可以主动了解一些保险知识，增强保险意识，充分认识保险的风险保障功能。此外，人们应当理性思考，根据自身需要与收入水平，合理搭配保险产品，在不增加过重经济负担的情况下达成风险防范的目的。

5.2.2 保险机构层面

普惠型商业医疗保险填补了基本医疗保险与一般商业医疗保险间的空白，使得医疗保障体系更加健全。作为一种尚在探索中的补充商业医疗保险，保险机构对此还有较大推动空间。

现今我国商业医疗保险的覆盖面仍然较低，这与我国国民保险意识不足有很大关系。保险机构理应加大宣传力度，通过多种媒体渠道宣传医疗保险的重要性，普及各种保险知识，以增进民众对相关政策的理解。

同时，保险机构需要顺应时代潮流，充分利用科技手段，提升参保人的服务体验，增加人们对保险行业的认同感与满意度。保险市场还应进一步加大产品开发力度，最大限度地满足各类群体的健康保障需要，从而促进行业的长远发展。

5.2.3 政府层面

灵活就业人员投保普惠型商业医疗保险的意愿越来越强烈，但现有的普惠型商业医疗保险参保必须以基本医疗保险参保为前提。因此，除了大力发展普惠型商业医疗保险以完善社会保障体系外，政府依然需要重视基本医疗保险，首先清除各类人群参保基本医疗保险的障碍。在应保尽保的实现过程中，政府要在打破参保条件限制、制定适宜的缴费政策等方面加以优化，以满足灵活就业人员等特殊人群最基本的保障需求。

政府相关部门还需要不断完善监管体系，加强对保险机构的监督检查，强化对保险过程中各个环节的监管，规范商业医疗保险的市场秩序，保护好消费者的合法权益，促进保险服务业健康持续发展。

———————— 参 考 文 献 ————————

曹锦丹，兰雪，李桂玲，2016. 基于跨理论模型的信息行为情境及其相关变量关系探讨 [J]. 情报资料工作（2）：11 - 15.

曹锦丹，兰雪，邹男男，2019. 健康风险认知与信息交互行为关联模型研究 [J]. 图书情报工作，63（6）：12 - 19.

封进，王贞，宋弘，2018. 中国医疗保险体系中的自选择与医疗费用：基于灵活就业人员参保行为的研究 [J]. 金融研究（8）：85 - 101.

高立飞，王国军，2021. 人口流动对居民商业保险需求的影响研究：基于 CGSS2017 数据的实证分析 [J]. 河北经贸大学学报，42（2）：85 - 91.

何文，申曙光，2020. 灵活就业人员医疗保险参与及受益归属：基于逆向选择和正向分配效应的双重检验 [J]. 财贸经济，41（3）：36 - 48.

黄彪文，张增一，2015. 从常人理论看专家与公众对健康风险的认知差异 [J]. 科学与社会，5（1）：104 - 116.

黄桂梅，古丽丹，张敏强，2009. 健康医疗中的风险认知 [J]. 心理科学，32（3）：688 - 690.

匡亚林，梁晓林，张帆，2021. 新业态灵活就业人员社会保障制度健全研究 [J]. 学习与实践（1）：93 - 104.

兰雪，曹锦丹，邹男男，2019. 不同健康风险认知与用户信息行为相关性分析 [J]. 医学与社会，32（4）：110 - 113.

李坤刚，2019. "互联网＋"背景下灵活就业者的工伤保险问题研究 [J]. 法学评论，37（3）：140 - 151.

李兴友，李兴国，2006. 灵活就业人员社会医疗保险问题研究 [J]. 中国人力资源开发 (1)：96-99.

李秀红，李海燕. 2006. 灵活就业人员为何"参保不积极"[J]. 中国社会保障 (2)：44-45.

刘金华，吴静，2019. 社会互动、社会信任对居民商业医疗保险参保行为的影响 [J]. 社会保障研究 (6)：73-79.

刘金平，2011. 理解，沟通，控制公众的风险认知 [M]. 北京：科学出版社：5-17.

刘俊霞，帅起先，吕国营，2016. 灵活就业人员纳入基本医疗保险的逆向选择：基于逆向选择的分析 [J]. 经济问题 (1)：66-70.

马海燕，2004. 对灵活就业人群医疗保险问题的思考 [J]. 人口与经济 (S1)：43-45.

马丽娜，2022. 贝叶斯网络挖掘健康对中老年人购买商业医疗保险的影响研究 [J]. 保险研究 (1)：97-113.

瞿栋，王劲松，2010. 中国农业居民医疗保险需求及其影响因素分析 [J]. 保险研究 (4)：61-65.

苏泽瑞，2021. 普惠性商业健康保险：现状、问题与发展建议 [J]. 行政管理改革 (11)：90-99.

王崇梁，曹锦丹，王珅，等，2020. 信息框架对健康风险认知和行为改变决策的影响 [J]. 图书情报工作，64 (4)：68-77.

王虎峰，2009. 灵活就业人员对医保政策的回应性研究：基于十一个城市的调查分析 [J]. 人口研究，33 (3)：89-98.

王怡诺，蒋蓉，邵蓉，2021. 多层次医疗保障体系视角下普惠型商业健康补充保险发展路径分析 [J]. 中国卫生政策研究，14 (5)：15-20.

韦艳，张明健，李美琪，2021. 健康扶贫政策对贫困地区居民疾病风险认知的影响 [J]. 医学与社会，34 (8)：5-10.

萧绛，2003. 灵活就业人员纳入医保视野 [J]. 中国社会保障 (3)：37.

徐徐，姚岚，2022. 城市定制型商业医疗保险可持续性发展思考 [J]. 中国保险 (1)：37-41.

许荣，张迪，吉学，2013. 新农合对农户商业医疗保险需求影响的研究 [J]. 保险研究 (3)：120-127.

许荣庭，沈衰恒，2022. 普惠型医疗保险发展：实践困境与优化方向 [J]. 西南金融 (1)：40-51.

许燕，2016. 健康养老视角下商业健康保险需求的影响因素分析：以辽宁省数据为例 [J]. 金融理论与实践 (2)：110-113.

张璐莹，陈文，2021. 我国普惠型商业医疗保险亟待治理创新 [J]. 中国卫生资源，24 (5)：492-494.

朱若然，周长庆，陈贵富，2018. 中国城镇居民医疗保险选择行为影响因素分析：基于二元单位概率模型的视角 [J]. 宏观经济研究 (5)：126-138.

BREWER N T, CHAPMAN G B, GIBBONS F X, et al. , 2007. Meta-analysis of the Relationship between Risk Perception and Health Behavior: the Example of Vaccination [J]. Health Psychology, 26 (2)：136-45.

CAMERON A C, TRIVEDI P K, PIGGOTT F M, 1988. A Microeconometric Model of the Demand for Health Care and Health Insurance in Australia [J]. The Review of Economic Studies, 55 (1): 85 - 106.

DOIRON D, JONES G, SAVAGE E, 2008. Healthy, Wealthy and Insured? The Role of Self - assessed Health in the Demand for Private Health Insurance [J]. Health Economics, 17 (3): 317 - 334.

GERARD M, GIBBONS F X, BUSHMAN B J, 1996. Does Perceived Vulnerability to HIV Motivate Precautionary Sexual Behavior [J] . A Critical Review of the Literature. Psychologic al Bulletin: 119, 390 - 409.

ILO, 2016. Non - standard Employment Around the World: Understanding Challenges, Shaping Prospects [M]. Geneva: ILO.

KREWSKI D, LEMYRE L, TURNER M C, et al. , 2008. Public Perception of Population Health Risks in Canada: Risk Perception Beliefs [J]. Health Risk & Society, 10 (2): 167 - 179.

PENNINGS J M E, WANSINK B, MEULENBERG M T G, 2002. A Note on Modeling Consumer Reactions to a Crisis: The Ease of the Mad Cow Disease [J]. Journal of Research in Marketing, 19 (1): 91 - 100.

PLIGT J, 1998. Perceived Risk and Vulnerability as Predictors of Precautionary Behavior [J]. British Journal of Health Psychology (2): 1 - 14.

SAVADORI L, SAVIO S, NICOTRA E, et al. , 2004. Expert and Public Perception of Risk from Biotechnology [J]. Risk Analysis, 24 (5): 1289 - 1299.

SLOVIC P, 1987. Perception of Risk. [J]. Science, 236 (4799): 280 - 285.

广东省非大湾区城市城镇职工
医疗保险基金支出压力研究

冯海琪　杨明旭

1　绪论

1.1　研究背景

党中央提出，把人民健康放在优先发展的战略地位是实现"两个一百年"奋斗目标、中华民族伟大复兴中国梦的坚实基础，医疗保障事业将愈发得到重视。同时，我国常住人口城镇化率在 2000—2020 年间从 36.09% 增长至 63.89%，在城镇化进程高速推进的情况下，作为减轻职工就医负担和保障职工健康权益的城镇职工基本医疗保险的重要性愈发凸显。职工医保制度的运行情况通过医保基金的支出压力得以反映。

不同于城乡居民医疗保险个人缴费与财政补贴相结合，并且以财政补贴为主的筹资模式，根据《国务院关于建立城镇职工基本医疗保险制度的决定》（国发〔1998〕44 号）的相关规定，职工医保基金采取社会统筹和个人账户二分法，仅由用人单位和参保职工个人这两个主体共同缴费。同时文件规定"退休人员参加基本医疗保险，个人不缴纳基本医疗保险费"。在职工医保制度起步和推进的早期，这些政策起到了积极作用，但随着社会发展变迁，受民众健康意识的觉醒、医疗需求的释放、人口老龄化程度的加深和职工医保基金筹资能力的限制等因素的影响，职工医保基金所面临的支出压力持续增大。

党的十八大以来，党中央把逐步实现全体人民共同富裕和推动区域协调发展摆在更加重要的位置，至今，我国区域经济发展不平衡问题仍然突出。以广东省为例，在粤港澳大湾区建设如火如荼的背景下，全省的人力和物力都向粤港澳大湾区（以下简称"大湾区"）聚集，而马太效应又进一步强化其对非大湾区城市人口的"虹吸"作用，加剧了区域发展的不均衡。大湾区城市劳动力人口占总人口的平均比重为 72.88%，而非大湾区城市该数据仅为 58.97%，两者差距高达 13.91 个百分点。非大湾区的人口结构，在大湾区虹吸效应导致的人口净流出和区域内人口老龄化趋势二者的影响下，呈现出更加失衡的状态，这也导致非大湾区职工医保基金所面临的"系统老龄化风险"更为严峻。

广东省内区域经济发展差距、人口结构差异、参保模式不同等种种因素具体反映到职工医保基金上时，呈现出非大湾区缴费水平较低、基金可支付月数较少、市级财政兜底能力较差等问题。长此以往，非大湾区城市的职工医保基金支付可持续性将受到威胁。虽然职工医保基金在广东全省层面处于结余甚至余力十足的状态，但细化至省内非大湾区的统筹地区，实际上正面临着"收不抵支"的风险和压力。习近平总书记多次强调，"共同富裕是中国特色社会主义的本质要求，我国现代化坚持以人民为中心的发展思想，自觉主动解决地区差距、城乡差距、收入分配差距，促进社会公平正义，逐步实现全体人民共同富裕，坚决防止两极分化。"从广东省基本医疗保险领域来看，提高对非大湾区城市职工医保运行情况的重视程度，保障医保基金的支付可持续性是非常紧迫的需求。让非大湾区各城市的发展跟上大湾区建设的快车，"紧跟发展不掉队，保稳民生同富裕"是人民的要求，也是时代的要求。

因此，本文聚焦广东省非大湾区城市的城镇职工医疗保险问题，从基金支出压力角度出发进行探讨。通过对 2015—2020 年间，筹资模式、收入水平、报销模式、支出水平相关政策及数据进行整理提炼，对比分析非大湾区城市职工医保基金支出压力目前现状和存在的问题，探讨压力产生的原因并提出具有针对性的建议。

1.2 研究意义

1.2.1 理论意义

一直以来，对城镇职工基本医疗保险的研究主要是从影响因素、收支平衡测算和结算偿付方式改革三个主要的方面展开。聚焦基金收支平衡，从研究对象来看，大多数研究都是从全国或某一个省全局的角度出发，通过对医保基金运行现状进行描述或对未来发展测算来反映收支平衡问题，但以一个省内的不同区域地市为研究对象的研究还少之又少。基于此，本文在选择广东省为研究对象的基础上，区别于传统的以经济发展水平为标准的划分方式，而是以粤港澳大湾区建设政策为背景，将广东省各城市划分为大湾区城市和非大湾区城市。分析不同区域所属各地市的制度特色和制度执行效果，全面且系统地梳理各市的职工医保制度以及目前的地区差距，聚焦非大湾区各城市的职工医保基金支出压力，深入探索其背后的原因。将广东省两类区域的职工医保实践看作全国的一个"缩影"，以期在为广东省完善职工医保制度提供一些直接依据的同时，为其他地区医保制度改革提供一定的研究基础，丰富职工医保基金领域的研究内容。

同时，本文系统性地收集整理了广东省 21 个地级市在 2015—2020 年的人口数据、两类医疗保险参保人口数据、城镇职工基本医疗保险基金收入与支出数据、财政预算收入与支出数据、城镇职工基本医疗保险实施办法的政策性文件等资料，描述了广东省大湾区城市和非大湾区城市的职工医保基金筹资模式与收入水平、报销模式与支出水平。为日后学者们对广东省职工医保的相关研究提供了较为系统的信息基础。

1.2.2 现实意义

目前广东省非大湾区的地级市正处于努力实现跨越式发展、紧跟粤港澳大湾区城市建设步伐、锚定"不掉队、同发展、共富裕"的关键阶段。职工医疗保险作为社会发展的稳定器，其基金支出压力状况和可持续支付能力关系到社会经济发展的方方面面。在人口老龄化问题日益加剧的当下，有针对性地研究非大湾区城市城镇职工医保基金支出的压力问题不仅可以对基金运行进行有效监控，而且可以为缓解城镇职工医保基金的支付压力，强化基金支出的可持续性提供一定参考，为非大湾区城市完善城镇职工医疗保险制度以及推进基本医疗保险省级统筹提供一定支撑。与此同时，广东省内的两类地区医保的区域性发展现状也可被看作是全国情况的一个"缩影"，可为其他地区优化职工医保基金的运行提供一定的参考。

1.3 研究思路

笔者从医保基金支出压力角度出发，以区域均衡为切入点进行探讨，将广东省各城市划分为大湾区城市和非大湾区城市，聚焦广东省非大湾区城市的城镇职工基本医疗保险问题，通过对广东省 21 个地级市的职工医保筹资模式与当地收入水平、职工医保报销模式与当地支出水平的数据进行整理提炼，分析不同区域所属地级市的职工医保制度特色和执行效果，全面且系统地掌握各市的职工医保制度以及目前的地区差距。对比分析非大湾区城市职工医保基金支出压力的现状和问题，探讨压力产生的原因，有针对性地提出缓解非大湾区城市医保基金支出压力建议（图 1）。

1.4 研究方法

1.4.1 比较分析法

本文采用比较分析法将广东省各城市人口数据、两类医疗保险与养老保险参保人口数据、城镇职工医疗保险收入与支出数据全部按城市录入 EXCEL，并区分 9 个大湾区城市（广州、深圳、珠海、佛山、惠州、东莞、中山、江门、肇庆）与 12 个非大湾区城市（汕头、韶关、河源、梅州、汕尾、阳江、湛江、茂名、清远、潮州、揭阳、云浮）进行对比分析。

1.4.2 文献研究法

通过搜集、鉴别已有关于城镇职工医疗保险基金收支平衡研究的文献，笔者整理了广东省各地市政府对医疗保险基金运行的政策办法，对各地城镇职工医疗保险运行办法和细则进行了较为全面地梳理与比较，从而为本文奠定研究基础。

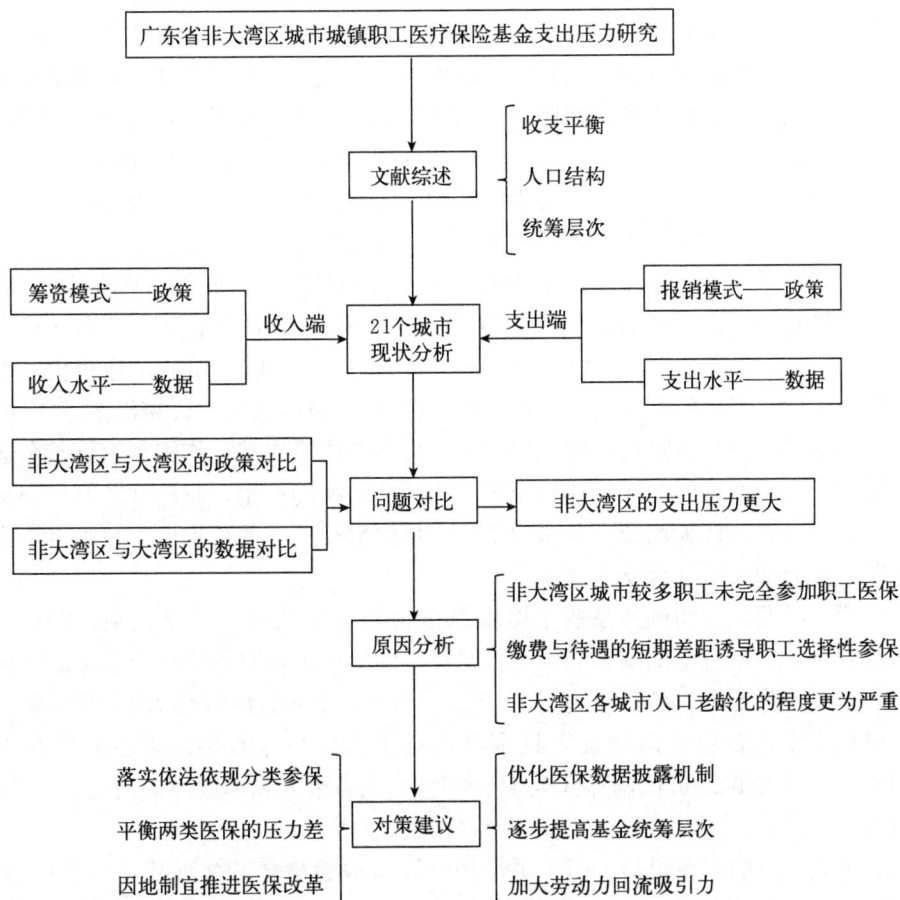

```
                    广东省非大湾区城市城镇职工医疗保险基金支出压力研究

                                                      ┌── 收支平衡
                                  文献综述 ─────────────┤── 人口结构
                                                      └── 统筹层次

    ┌─ 筹资模式——政策 ─┐                                    ┌─ 报销模式——政策
    │              收入端   21个城市    支出端               │
    └─ 收入水平——数据 ─┘         现状分析                    └─ 支出水平——数据

    ┌─ 非大湾区与大湾区的政策对比 ─┐
    │                          问题对比 ──── 非大湾区的支出压力更大
    └─ 非大湾区与大湾区的数据对比 ─┘

                                                ┌── 非大湾区城市较多职工未完全参加职工医保
                                  原因分析 ──────┤── 缴费与待遇的短期差距诱导职工选择性参保
                                                └── 非大湾区各城市人口老龄化的程度更为严重

    ┌─ 落实依法依规分类参保                         ┌── 优化医保数据披露机制
    │─ 平衡两类医保的压力差     对策建议 ───────────┤── 逐步提高基金统筹层次
    └─ 因地制宜推进医保改革                         └── 加大劳动力回流吸引力
```

图 1 技术路线

2 文献综述

2.1 城镇职工医保基金收支平衡相关研究

城镇职工医疗保险的筹资范围是所有用人单位的职工、部分灵活就业人员及一些在新经济形态下催生的新形式就业人员。大部分学者认为要继续扩大筹资面，须尽快将还没有覆盖到的群体纳入职工医保中来，逐步取消公费医疗并将其并入职工医保。我国职工医保基金的收入和支出遵循"以收定支，收支平衡，略有结余"的原则，城镇职工医保基金在为广大职工的基本医疗提供资金保障的同时，也存在基金使用效率不高、收支失衡的问题（同梦娜等，2020）。

医疗保险基金来源有由国家财政补贴、企业或集体出资、个人缴费三种。

各级政府应将国家、企业或集体、个人三方主体之外的福利机构或非政府组织纳入筹资端，在减轻政府财政负担的同时为基金输血供氧（刘思佳，2019）。李常印（2012）认为经济发展程度、制度设计模式、医疗需求和人口老龄化是影响职工医保基金收入的主要因素；而偿付标准、结算方式、疾病谱、预防保健意识等是影响职工医保基金支出的主要因素；同时，在政策平稳的前提下测算出了合理的基金结余率与动态平衡区间。Carrin 等（2007）认为保险费支付与个人经济负担承受能力的适配程度是影响筹资稳定性的关键。

在我国社会各方面发展尚不均衡、不充分的情况下，职工医保全面覆盖、保障水平高的特点，就容易给医保基金的统筹和支付带来很大的压力（张嘉佳，2018）。实施城镇职工医疗保险制度可以减轻职工们一定的医疗负担，但筹集公平性、卫生服务供给公平性还有待提高（潘琳，2021）。霍洪军（2019）认为如果基本医疗保险的补偿比例过高，可能造成浪费甚至诈骗从而给基金运行带来压力，而过低则无法达到减轻个人医疗负担的作用。赵玮（2021）则从意识角度出发，认为城镇企业对职工医疗保险重视不够使得参保人数难以达到预期，从而增大了基金支出的压力。

个人缴费比例的调整是职工医保基金运转提效的核心（李红艳，2021）。李红艳对 3 种缴费比例调整假设进行精算，预测出了各自可能出现基金赤字的时间点。若降低个人缴费比例到 1.3%、0.6%，个人账户将在 2042 年和 2022 年呈现赤字。若启动门诊统筹且不再设立个人账户，赤字出现时间将延至 2057 年；若单位缴费比例降低至 4%～5%，或者个人和单位缴费比例都调低，则统筹基金支出压力过大，在 2025 年就会收不抵支。

个人账户的存在阻碍了职工医保和居民医保的整合（李昕梦，2018）。有违未来新医保体系对"普惠、公平、均等"的追求。李昕梦（2018）认为应通过构建门诊统筹、推进家庭互助共济和配置补充性商业医保来替代个人账户的作用，提高冗余基金使用效率。Liu 等（2013）认为个体间缺乏足够的风险共担，使得年轻健康的人们倾向于在其个人账户中储存较多的闲置资金，然而对于具有更多医疗需求的老年人群体，他们的个人账户资金则被逐渐消耗直至无法发挥减轻医疗负担的作用。

2.2 人口结构对城镇职工医疗保险基金的影响

人口老龄化是社会进步和发展中无法阻挡的趋势，目前主要有三种关于人口老龄化对医疗基金支出影响的观点。第一种观点认为人口老龄化在影响医保基金支出增加中发挥了重要作用。"系统老龄化"是指在城镇职工医疗保险的参保群体中，缴费人数相对减少，医保待遇享受人数相对增多的趋势。其导致医保基金的筹资能力降低并且支出压力增大的风险叫作"系统老龄化风险"。

职工医保的缴费主体为在岗职工，退休员工不需要缴费且预期寿命不断延长，这意味着职工医保的缴费人数占参保总人数的比重将逐年减少，享受医保待遇的人数占参保总人数的比重却不断上升。因此"系统老龄化风险"是现行城镇职工医保筹资制度和参保人口老龄化共同作用下的结果（孙翎等，2021）。蓝英等（2021）对四川省 2011—2017 年的职工医保基金运行数据进行分析，认为导致医保基金支出压力增大的风险主要是人口老龄化及特殊的地质地貌灾害。Palangkaraya（2009）对美国近五十年的参保数据分析后发现人口老龄化是影响医疗费用增长的重要因素。

第二种观点认为人口老龄化在影响医保基金支出增加中发挥一般作用。胡鹏（2015）认为除了人口老龄化，医疗费增加还受慢性病发病率、医疗技术发展、特殊耗材和新药品使用推广、偿付结算方式变化、缴费比例调整、基金保值增值状况和政府监督等各种因素的影响。徐长生等（2015）以全国 31 个省（市）十年的数据为基础进行研究，发现涉及医疗费用增加主要因素的影响力从大到小分别是城镇化、经济发展和老龄化。王超群（2014）也持相同观点，认同单纯的老龄化对医疗费用增加的影响并不起核心作用，医疗费用的增加是多因素共同作用的结果，人口老龄化所起的作用不是决定性的。

第三种观点认为人口老龄化在影响医保基金支出增加中不发挥作用。核心观点认为，对医疗费用支出增加起主要作用的是投保人对医疗卫生服务的需求及满足程度，而不是人口老龄化。何平平（2006）认为从短期角度讨论医疗费用增加的影响因素时，人口老龄化不起作用。李红浪（2016）认为减缓医疗费用增加的核心不是纠结老龄化这个因素，而是研究如何增加"物美价廉"的医疗服务。杨燕绥（2016）在公共政策视角下，探讨时间和年龄两大要素，发现 20～59 周岁年龄段医疗费用在总支出中的占比和增幅反而更大，得出"人未老，体先衰"是导致医疗费用增加的内核，认为这不是简单的人口老龄化而是社会老化的问题。

2.3　统筹层次对城镇职工医疗保险基金的影响

罗佳莹等（2019）基于福建省 2017 年各地区职工医保的统筹运行数据，采用层次分析法探讨，提出并论证了一个可行的职工医保基金省级统筹模型，为推进医保基金省级统筹提供了理论支撑和措施思路。刘思佳（2019）聚焦内蒙古自治区职工医保现状，认为市级统筹阻碍了各市（盟）间的基金互济，难以充分发挥职工医保分散和转移风险的功效。提出要突破当前制度碎片化的桎梏，横纵联动整合，推动职工医保和居民医保的统筹，在夯实市级统筹的同时加速探索省级统筹，提高医保制度基金的互通联动和利用效率，增强医疗服务公平性和基金支付的可持续性。

刘宇熹等（2014）基于对广东省职工医保运行现状的分析，建立了一个职工医保筹资经济可行性的评价指标体系，从公平、效率、筹资能力、筹资可持续性这四方面，对广东省职工医保省级筹资进行经济可行性评估，得出了三类可能使职工医保省级统筹基金收不抵支的因素。第一类是职工收入减少、缴费费率下调、个人账户划拨比例上涨这些使统筹基金收入减少的因素；第二类是随物价一齐上涨的医疗服务成本、高新医疗技术和特定药品的应用范围扩大、疾病谱中慢性病的增加、职工预防保健意识的提高导致其医疗需求的增加、医保目录的扩充和报销比例的提高等，这些是使得医保支出增加的因素；第三类是人口老龄化这种同时导致统筹基金收入减少和医保支出增加的因素。

综上所述，城镇职工基本医疗保险作为社会保障体系中的核心组成部分，一直以来对它的研究主要是从影响因素分析、收支平衡测算和结算偿付方式改革三个主要的方面展开。聚焦基金收支平衡，大多数研究都是从全国或某一个省全局的角度出发，通过对运行现状的描述或未来发展测算来反映收支平衡问题，但以一个省内的不同区域地市为对象的研究还少之又少。基于此，本文在选择广东省为研究对象的基础上，区别于传统的以经济发展水平为标准的划分方式，而是以粤港澳大湾区城市建设政策为背景，将广东省各城市划分为大湾区城市和非大湾区城市，分析不同区域所属各地市的制度特色和执行效果，全面且系统地了解各市的职工医保制度以及目前的地区差距，聚焦非大湾区各城市的职工医保基金支出压力，深入探索其存在的问题及背后的原因。将广东省两类区域间的职工医保实践看作全国的"缩影"，以期在为广东省完善职工医保制度提供一些直接依据的同时，为其他地区医保制度改革提供一定的研究基础，丰富职工医保基金领域的研究内容。

3 广东省各城市城镇职工医疗保险的筹资模式与收入水平

3.1 广东省各城市职工医保的筹资模式

3.1.1 广州

《广州市社会医疗保险办法》自 2015 年 7 月 1 日起施行，该市基本医保体系由职工社会医保、职工大病医疗补助、职工补充医保、居民社会医保、居民大病医保构成。整体上是较为传统的城镇职工与城乡居民两分法，并分别辅以相应的大病保险予以保障，同时对于职工还建立了补充医疗保险（表 1～表 3）。

表1 广州市城镇职工社会医疗保险参保缴费结构

单位：%

参保人群类型	缴费途径	职工社会医疗保险费	
		单位缴费比例	个人缴费比例
职工	用人单位代扣代缴	8	2
失业人员	失业保险基金	10	
灵活就业人员	个人		10
退休延缴人员			10

注：以上人群参保按月缴纳。

表2 广州市城镇职工其他补充医疗救助缴费结构

单位：%

参保人群类型	职工大病医疗补助		职工补充医疗保险	
	缴费途径	缴费比例	缴费途径	缴费比例
职工	用人单位全额负担	0.26	用人单位整体参保*	0.5
个人	个人		个人	

* 由用人单位全额负担，或经职工代表大会或者全体职工大会讨论确定共同分担比例。

表3 广州市参保人员退休后享受医疗保险情况

单位：年

首次办理缴费时间	累计缴费年限	享受形式
2014年前	10	按规定享受相应医保待遇
2014年后	15	

特别之处在于，对于职工社会医疗保险累计缴费时长未达到规定年限的社会申办退休人员，其不足规定年限应缴纳的职工社会医疗保险费，可按相关标准享受各级人民政府设立的专项资金资助。

3.1.2 深圳

《深圳市社会医疗保险办法》自2014年1月1日起施行，把以前的综合医保、住院医保、农民工医保分别对应更改为基本医疗保险的一、二、三档。区别于传统以参保群体的不同而划分为城镇职工和城乡居民的基本医疗保险制度模式，深圳市则是通过社会医疗保险制度分档参保的方式覆盖所有人群，辅以地方补充医疗保险和重特大疾病补充医疗保险，从而构建出具有多层次、多形式的社会医疗保险制度。通过户籍、年龄、从业状态、基本养老保险参保状态以及特殊人群这五大要素对参保人群进行参保档位划分。所有用人单位要为其本市户籍职工参保第一档，为其非本市户籍职工在三个档位中任选一种。自 2024 年起，累计缴费年限须达到 25 年才能享受退休医保待遇（表 4～表 7）。

表 4　深圳市城镇职工医疗保险参保缴费结构

单位：%

参保档位	总缴费比例	基本医疗保险缴费比例		地方补充医疗保险缴费比例
		单位	个人	
一档	8.2	6	2	0.2
二档	0.8	0.5	0.2	0.1
三档	0.55	0.4	0.1	0.05
随迁入户本市且没按月领取职工养老保险待遇或退休金的老人	11.7	11.5		0.2

注：1.《深圳市社会医疗保险办法》修改前已一次性缴费的人员不参照本法；2. 在职人员由单位按月缴纳，其他人员按其基本医保的缴费渠道、方式执行；3. 以上年度本市在岗职工月平均工资为缴费基数。

表 5　深圳市参保人退休后享受医疗保险情况

单位：年

实施年份	本市实际缴费年限	累计缴费年限	享受形式
2014 年起	10	15	按规定享受相应医保待遇
2024 年起	15	25	

注：退休时缴费年限不足时继续缴费至规定年限。

表 6　深圳市参保人满足停止缴费的条件后享受医疗保险情况

类　型	一档	二档	三档
参保本市基本医保一档累计满 15 年	√		
参保本市基本医保一档累计不满 15 年			√
继续参保本市基本医保一档至累计满 15 年	√		

注：参保人员停止缴费后享受一档待遇的，从大病统筹基金中按月以基数的 8.05% 划入个人账户，基数为上年本市在岗职工月平均工资的 60%。

表7 深圳市基本医保参保人参加重特大疾病补充医疗保险情况

个人账户余额	办理途径	保险费支付渠道
本市上年度在岗职工年平均工资5%以上	市经办机构统一办理	个人账户中划扣
本市上年度在岗职工年平均工资5%以下		
基本医疗保险二档参保人	本人自行申请办理	由本人支付
基本医疗保险三档参保人		

注：重特大疾病补充医疗保险依照自愿原则参保。

3.1.3 珠海

《珠海市基本医疗保险办法》自2016年7月1日起施行，与深圳的社会医疗保险制度具有一定的相似性，但在档位划分上存在区别。实行市级统筹和属地管理制度，根据筹资及待遇水平分为一档（统账结合）和二档（单建统筹）两个档次。可以理解为将城乡居民基本医疗保险纳入基本医疗保险的第二档，该档缴费仍由参保人个人缴费和政府财政补贴组成，并且其中补贴由市、区财政按市政府规定的比例分担（表8～表11）。

表8 珠海市基本医疗保险可参保档位情况

参保人群类型	一档（统账结合）	二档（单建统筹）
本市户籍职工	√	
非本市户籍职工	√	√
灵活就业人员	√	√
学生和未成年人		√
城乡居民		√

表9 珠海市基本医疗保险参保缴费结构

单位：%

参保人群类型	总缴费比例	基本医疗保险缴费比例	
		单位	个人
参加一档的职工	8	6	2
参加二档的职工	2	2	0
参加一档的灵活就业人员	8		8
参加二档的灵活就业人员	2		2

注：1. 以上人群参保按月缴纳，以职工本人工资为缴费基数；2. 灵活就业人员在本市上年度在岗职工月平均工资的60%～300%选择申报缴费基数。

表 10　珠海市基本医疗保险缴费结构

单位：元

参保人群类型	个人缴费	财政补贴
学生和未成年人	130	480
城乡居民	360	480

注：表中人群参保按年缴纳。

表 11　珠海市参保人退休后享受医疗保险情况

单位：年

参保人群类型	本市实际缴费年限	累计缴费年限	享受形式
参加一档的职工、灵活就业人员	10	20	按规定享受相应
参加二档的职工、灵活就业人员	12.5	25	医保待遇

注：退休时未达到规定年限可缴费至规定年限。

3.1.4　佛山

《佛山市职工基本医疗保险办法》自 2013 年 7 月 1 日起施行。该市职工医保待遇由住院医疗、家庭病床、门特病种、大病医疗、普通门诊医疗保障及部分参保人的一次性生育医疗补贴构成（表 12、表 13）。

表 12　佛山市城镇职工社会医疗保险参保缴费结构

单位：%

参保人群类型	缴费途径	总缴费比例	职工社会医疗保险缴费比例	
			单位	个人
职工	与单位共同分担	7.6	5.6	2
灵活就业人员	个人	7.6		7.6
失业人员	失业保险基金			

表 13　佛山市参保人退休后享受医疗保险情况

单位：年

参保人群类型	本市实际缴费年限	累计缴费年限	享受形式
职工			在本市按月享受相应
	10	25	
灵活就业人员			医保待遇

注：含退休前已离开原中央、省直属单位职工，不含现中央、省直属单位职工。

3.1.5　惠州

《惠州市社会基本医疗保险办法》于 2021 年 1 月 13 日起施行。该市基本医保包括职工医保和居民医保，且已分别与对应的生育保险合并。医保基金分为职工医保基金、居民医保基金和大病二次补偿基金 3 种。职工医保基金细分为统筹基金、补充医保基金和个人账户三种（表 14、表 15）。

表 14 惠州市城镇职工基本医疗保险缴费结构

单位：%

参保人群类型	综合医疗保险		住院医疗保险		补充医疗保险缴费比例	
	用人单位	个人	用人单位	个人	用人单位	个人
机关、事业单位、社会团体职工	5.6	2	1.6		0.1	
灵活就业人员	7.6		1.6		0.1	
自主择业的军队转业干部未被中央国家机关、人民团体、企事业单位录用聘用期间参加综合医保人员*	7.6		1.6		0.1	

* 缴费基数为本人退役金。

说明：1. 中央国家机关、事业单位职工必须参加综合医保，其他人员可选择参加综合医保或住院医保；参加职工医保的，必须参加补充医保；2. 企业参加基本医保后，可按规定建立企业补充医保补助本单位参保人员医疗费，在职工工资总额 4% 以内的部分，可在成本中列支。

表 15 惠州市参保人退休后享受医疗保险情况

单位：年

办理退休年份	本市实际缴费年限	累计缴费年限	享受形式
2021		19	
2022		20	
2023		21	
2024		22	
2025		23	
2026		24	按规定享受相应医保待遇
2027*	10	25	
2028		26	
2029		27	
2030		28	
2031		29	
2032		30	

* 女职工最高累计缴费满 25 年，男职工满 30 年。

3.1.6 东莞

《东莞市社会医疗保险办法》自 2018 年 10 月 1 日起实施，有效期 5 年。该市社会医保体系包括社会基本医保、重大疾病医保和补充医保。其中补充医保涵盖住院补充医保和个人账户两种。通过统一的社会医保制度覆盖全民，不再区分城镇职工和城乡居民（表16、表17）。另具有以下特点：

第一，不再统一建立医疗保险个人账户，选择参加住院补充医疗保险的用人单位或村（社区）可以为全部或部分人员设立医保个人账户。使得个人账户成为一种可选择的投保渠道，提高其实际使用效率。

第二，对于退休后不缴费仍可享受医保待遇的累计缴费年限规定，是按照男女性别不同予以区分的，而不是统一划定。男性所需累计缴费年限达到了30 年。

第三，基本医保参保人可同时参加大病保险，而未参加基本医保的人员不能单独参加大病保险。一定程度上保证了基本医保的参保率，有效杜绝仅参加大病保险的情况。

表16　东莞市城镇职工基本医疗保险缴费结构

单位：%

参保人群类型	基本医疗保险缴费比例			住院补充医疗保险缴费比例		医保个人账户征收比例	
	财政补贴	用人单位	个人	用人单位	个人	用人单位	个人
在职职工		2.3	0.5	2		3	1.5
本市户籍城乡居民	1.7		1.7		2		4.5
无雇工的个体工商户、灵活就业人员			2.8		2		4.5

注：1. 大病保险资金从基本医保上年或历年结余基金中划转，单位和个人不再另行缴费；2. 以上年度全市职工月平均工资为缴费基数。

表17　东莞市参保人退休后享受医疗保险情况

单位：年

参保人群类型	本市实际缴费年限	累计缴费年限	享受形式
男性		30	
女性	10	25	按规定享受相应医保待遇

注：缴费年限按参保人实际缴费月数计算，基本医保、住院补充医保和医保个人账户缴费年限分别累计计算。

3.1.7 中山

《中山市基本医疗保险办法》于 2010 年 6 月 1 日起施行。该市社会医保体系具有两个层次，分别是基本医保和补充医保，可在已参加基本医保的基础上选择性参加补充医保。区别于广东省其他市统一或部分建立个人账户的制度，中山不再设置个人账户。明文规定基本医疗保险费不得减免，缴费后即享受相应待遇，但停止缴费的次月 1 日起就不再享受医保待遇（表 18、表 19）。

表 18 中山市基本医疗保险缴费结构

单位：%

参保人群类型	基本医疗保险缴费比例				补充医疗保险缴费比例	
	用人单位	个人	财政补贴	市扶贫助学基金	用人单位	个人
职工	2	0.5			7	3
本市户籍灵活就业人员		2.5				
本市户籍城乡居民		1.5	1			
非本市户籍的全日制中、高等学校学生		1.5	1			10
纳入扶贫助学范围的学生		1.5	1	50		

注：1. 市、镇区两级财政按 0.5%缴费基数补贴当月参保缴费居民；2. 市扶贫助学基金对个人缴费部分补助 50%；3. 按学校隶属关系，由同级政府财政按 1.0%缴费基数给予学生补贴。

表 19 中山市参保人达到退休年龄后缴费方式

参保人群类型	缴费方式	
	逐月缴纳	一次性缴纳
未按月领取养老保险待遇的本市户籍参保人	按本市户籍城乡居民缴费方式缴纳	—
在本市办理养老保险继续缴费的非本市户籍参保人	按 2.5%缴费基数缴纳	
行政事业单位编制内的退休人员	经批准与备案，由单位按 2.5%缴费基数缴纳	
已按月领取社会养老保险待遇人员*	—	由单位按其退休时缴费基数、比例及基本养老待遇中个人账户养老金计发月数为缴费月份全额缴纳（方式1） / 按提出申请当年缴费基数、比例及申请办理当月参保人年龄对应的基本养老待遇中个人账户养老金计发月数为缴费月份全额缴纳（方式2）

*个人全额缴纳基本医保费的参保人可申请由逐月缴纳转为一次性缴纳（方式2）。

3.1.8 江门

《江门市职工和城乡居民基本医疗保险分类保障实施方案》自 2021 年 7 月 1 日起实施，有效期 5 年。以"待遇与缴费挂钩，分类保障，分别建账、分账核算"为改革标准。该市基本医保制度由职工医保和居民医保组成。职工医保涵盖住院、普通门诊、门特病种、大病保险等待遇保障，同时设置个人账户（表 20、表 21）。

表 20 江门市城镇职工社会医疗保险参保缴费结构

单位：%

参保人群类型	职工社会医疗保险缴费费率		
	单位缴费	生育保险	个人缴费
职工	5.5	0.5	2
灵活就业人员			
失业人员			7.5（退休后 5.5）
无雇工的个体工商户			
退休人员			7.5*

* 该类适用于累计缴费未达到规定最低缴费年限，未领取职工基本养老保险金且不选择一次性补缴的退休人员。

表 21 江门市参保人退休后享受医疗保险情况

单位：年

参保人群类型	最低累计缴费年限	享受形式
2018 年 1 月 1 日前参加过市职工医保的参保人	20	按规定享受相应医保待遇
2018 年 1 月 1 日后（含 1 月 1 日）在市首次参加职工医保的参保人	25	

该方案对于 2018 年 1 月 1 日起实施的《江门市基本医疗保险管理办法》具有颠覆式的改革，将原本的医保城乡一体化制度进行分类调整。相比于模糊二档分类的旧办法来说，新办法的缴费及待遇规定更为简单明晰，回归传统的分类保障制度，降低了人们理解政策规定的难度。

3.1.9 肇庆

《肇庆市职工基本医疗保险办法》自 2015 年 7 月 1 日起施行，是传统的医保体系架构（表 22、表 23）。

表 22　肇庆市城镇职工社会医疗保险参保缴费结构

单位：%

参保人群类型	总缴费比例	职工社会医疗保险费缴费比例	
		单位	个人
职工	8.3	6.3	2
灵活就业人员	8.3		8.3

注：1. 参保人应同时参加本市职工医保和职工基本养老保险；2. 已参加省级社会养老保险的中央、省属及外地驻本市的单位，可参加本市的职工医保。

表 23　肇庆市参保人退休后享受医疗保险情况

单位：年

参保人群类型	本市实际缴费年限	累计缴费年限	享受形式
男性	10	25	按规定享受相应社会医疗保险待遇
女性		20	

3.1.10　汕头

《汕头市城镇职工基本医疗保险规定》于 2008 年 1 月 1 日起实施，比较陈旧，其后汕头市政府相继出台了《关于阶段性调整我市社会保险费缴费比例的通知》和《关于职工基本医疗保险缴费年限有关问题的通知》等局部调整通知，但一直未更新系统性的实施办法。职工医保的整体制度是较为简单明确的传统单一制度，一直以来并未发生较大变化。该市基本医疗保险由综合医疗保险和住院医疗保险两个险种构成，用人单位原则上应当参加前者，确有困难的，经市劳动和社会保障行政部门批准后可不参加前者，但必须参加后者（表 24）。

表 24　汕头市城镇职工社会医疗保险参保缴费结构

单位：%

参保人群类型	综合医疗保险		住院医疗保险	
	单位缴费比例	个人缴费比例	单位缴费比例	个人缴费比例
职工	6	2	5	0
灵活就业人员	8		5	

注：一个参保人仅能参与一个险种。

《汕头市人民政府办公室关于进一步完善我市职工基本医疗保险制度有关问题的通知》于 2018 年 7 月 1 日开始施行，2023 年 6 月 30 日失效。其对该市职工基本医疗保险征缴、待遇享受等部分内容进行调整（表 25）。

表 25　汕头市参保人退休后享受医疗保险情况

单位：年

参保人群类型	本市实际缴费年限	累计缴费年限	享受形式
职工 灵活就业人员	10	20	按规定享受相应医保待遇

注：退休后单位及个人均不再缴纳费用。

3.1.11　韶关

《韶关市城镇职工基本医疗保险实施办法》于 2016 年 3 月 1 日开始施行，有效期 5 年。《调整城镇职工基本医疗保险缴费和待遇标准》于 2017 年 2 月 24 日发布（表 26、表 27）。

表 26　韶关市城镇职工社会医疗保险参保缴费结构

单位：%

参保人群类型	职工社会医疗保险费		
	失业保险基金比例	单位缴费比例	个人缴费比例
职工		6	2
灵活就业人员			5
失业人员*	8.5		

* 领取失业保险金时以上年度本市在岗职工月平均工资为缴费基数。

表 27　韶关市参保人退休后享受医疗保险情况

单位：年

参保人群类型	累计缴费年限	享受形式
职工 灵活就业人员	20	按规定享受相应医保待遇

3.1.12　河源

《河源市城镇职工基本医疗保险规定》于 2018 年 7 月 1 日起施行，有效期为 5 年。该市的职工医保涵盖综合医保、住院医保、大病保险和补充医保这四种，参加职工医保的，必须参加补充医保。用人单位必须为其职工参加综合医保，其他可以根据实际选择参加综合医保或住院医保。在供给侧结构性改革期间，除机关事业单位、社会团体外，给予其他用人单位降费优惠（表 28、表 29）。

表 28　河源市城镇职工社会医疗保险参保缴费结构

单位：%

参保人群类型	综合医疗保险		住院医疗保险	
	单位缴费比例	个人缴费比例	单位缴费比例	个人缴费比例
职工	6.5	2		5.5
除机关事业单位、社会团体外的其他用人单位人员	5.5			

表 29　河源市参保人满足退休资格的后续措施

参保人群类型	后续措施
参加职工医保的男职工	实际缴费年限满 30 年，按规定享受相应医保待遇
参加职工医保的女职工	实际缴费年限满 25 年，按规定享受相应医保待遇
参加综合基本医保且达到法定退休年龄，而未达到累计最低缴费年限	单位按本市上年度在岗职工月平均工资为月缴费基数，并按年递增 10%一次性补缴所缺年限费用
除机关事业单位、社会团体外的其他用人单位	以本市上年度在岗职工月平均工资的 5.5% 按月缴纳，直至最低缴费年限

3.1.13　梅州

《梅州市城镇职工基本医疗保险暂行办法》和配套的《梅州市城镇职工基本医疗保险暂行办法的实施细则》均于 2000 年 12 月 1 日起实施，从时间上看是较为陈旧的。后续以《梅州市城镇职工补充医疗保险暂行办法》（梅市府〔2002〕41 号）、《关于调整城镇职工补充医疗保险费征收标准的通知》（梅市社保〔2007〕23 号）和《关于调整市直城镇职工基本医疗保险住院医疗费最高支付限额的通知》（梅市劳社〔2007〕100 号）等文件的发布进行补充调整，但整体制度年限略显陈旧，更新调整速度难以适应当下实际医疗需求（表 30）。

表 30　梅州市城镇职工社会医疗保险参保缴费结构

参保人群类型	基本医疗保险/%		补充医疗保险/（元/月）	
	单位缴费比例	个人缴费比例	单位缴费	个人缴费
职工（含失业、下岗）	6.5	2	8	5

3.1.14　汕尾

《汕尾市城镇职工基本医疗保险暂行规定（再次修订）》于 2013 年 1 月 1 日起施行，分为统账结合与单建统筹两种模式。其后，于 2020 年 1 月 2 日印发并实行《汕尾市生育保险和职工基本医疗保险合并实施方案》，有效期 5 年（表 31、表 32）。

表 31　汕尾市城镇职工社会医疗保险参保缴费结构

单位：%

参保人群类型	职工社会医疗保险费		
	单位缴费比例	生育保险缴费比例	个人缴费比例
按"统账结合"参加的职工	6	0.5	2
按"单建统筹"参加的职工	4.8	0.5	
按"单建统筹"参加的灵活就业人员			4.8

表 32　汕尾市参保人满足退休资格的后续措施

参保人群类型	后续措施
达到法定退休年龄且按月领取养老待遇的退休人员	实际缴费年限满 20 年，按规定享受相应医保待遇
退休时其在本市职工基本医保实际缴费不满 20 年	以本市上年度职工月平均工资的 7% 按月缴费或一次性缴费至满 20 年
2012 年 12 月底前按月领取养老待遇的退休人员及财政供养退休人员	按原规定缴纳医保费用
非公有制企业、个体工商户、灵活就业人员、困难企业退休人员	可自愿选择参加城乡居民医保

3.1.15　阳江

无明确且公开的系统性办法类文件，本文以 2021 年 10 月 1 日起实施的《关于我市职工基本医疗保险与生育保险合并征缴过渡期有关问题的通知》、2014 年 7 月 25 日发布的《关于调整城镇职工基本医疗保险个人账户的通知》和 2013 年 10 月 31 日发布的《关于调整城镇职工基本医疗保险待遇的通知》这三份文件为政策依据（表 33、表 34）。

表 33　阳江市城镇职工社会医疗保险参保缴费结构

单位：%

参保人群类型	总缴费比例	职工社会医疗保险费	
		单位缴费比例	个人缴费比例
职工	7.5	6*	1.5

* 单位缴费包含 1% 生育保险。

注：单位缴费以本单位上年度职工工资总额为单位缴费基数，个人缴费以本人上年度工资收入为个人缴费基数。

表 34　阳江市参保人退休后享受医疗保险情况

单位：年

参保人群类型	本市实际缴费年限	累计缴费年限	享受形式
职工	5	25	按规定享受相应医保待遇

3.1.16　湛江

无明确且公开的系统性办法类文件，现以 2017 年 11 月 10 日发布的《湛江市城镇职工基本医疗保险》为政策依据。

城镇职工基本医疗保险分为"统账结合"和"单建统筹"两个参保类型。二者的缴费办法差异较大，但对于这两个类型各自的参保群体未明文规定（表 35、表 36）。

表 35　湛江市城镇职工社会医疗保险参保缴费结构

单位：%

参保人群类型	职工社会医疗保险费		退休未达到年限标准时逐月缴费比例
	单位缴费比例	个人缴费比例	
按"统账结合"参加的单位	6.2	2	6.2
按"单建统筹"参加的人员、单位	4.8		4.8

注：以上年度全市在岗职工月平均工资 80% 为缴费基数。

表 36　湛江市参保人退休后享受医疗保险情况

单位：年

参保人群类型	累计缴费年限	享受形式
参保职工	20	按规定享受相应医保待遇
	<20	退休后继续缴至 20 年，但缴费年限最多不超过 10 年

3.1.17　茂名

无明确且公开的系统性办法类文件，现以自 2019 年 1 月 1 日起执行的《茂名市人民政府关于进一步调整我市基本医疗保险有关政策的通知》、2020 年 10 月 12 日由茂名市人民政府发布的《茂名市城镇职工基本医疗保险政策问答》和自 2021 年 5 月 1 日起施行的《关于继续实施阶段性降低城镇职工基本医疗保险单位缴费费率的通知》这三份文件为政策依据（表 37、表 38）。

表 37   茂名市城镇职工社会医疗保险参保缴费结构

单位：%

参保人群类型	总缴费比例	职工社会医疗保险费	
		单位缴费比例	个人缴费比例
职工	8.5	6.5*	2

* 包含 1% 生育保险。

注：单位缴费部分以本单位上年度职工工资总额为缴费基数，个人缴费部分以本人上年度工资收入为缴费基数。

表 38   茂名市参保人退休后享受医疗保险形式情况

单位：年

参保人群类型	本市实际缴费年限	累计缴费年限	享受形式
职工	5	25	按规定享受相应医保待遇

3.1.18 清远

于 2014 年 1 月 1 日起施行的《清远市城镇职工医疗保险实施办法》和《清远市城镇职工补充医疗保险实施办法》奠定了该市职工医保的基础。《关于贯彻落实〈广东省全面推进生育保险和职工基本医疗保险合并实施方案〉的通知》于 2020 年 1 月 1 日起实施，将生育保险与职工基本医疗保险进行合并。

其后通过《清远市人民政府办公室关于印发清远市贯彻广东省进一步促进就业若干政策措施的实施意见的通知》《清远市阶段性减征企业职工基本医疗保险费实施方案》和《关于继续执行城镇职工基本医疗保险阶段性降费的通知》在 2019 年至 2021 年底实行阶段性的降费。

《清远市医疗保障局关于恢复城镇职工基本医疗保险缴费费率的通知》中指出截至 2021 年 12 月 31 日，城镇职工基本医疗保险阶段性降费结束，并从 2022 年 1 月 1 日起，城镇职工基本医疗保险用人单位缴费比例恢复至 6.5%（表 39、表 40）。

表 39   清远市城镇职工社会医疗保险参保缴费结构

单位：%

参保人群类型	基本医疗保险			补充医疗保险	
	单位缴费比例	生育保险缴费比例	个人缴费比例	单位缴费比例	个人缴费比例
参保职工	7.5	1	2	0.6	0.6
灵活就业人员			8.5		1.2

注：生育保险由单位缴纳。

表 40 清远市参保人退休后享受医疗保险情况

单位：年

参保人群类型		最低累计缴费年限	享受形式
	已办理退休人员		
2018 年 12 月 31 日前	已达到法定退休年龄且参加过城镇职工养老、医保人员	15*	按规定享受相应医保待遇
2019 年 1 月 1 日后	申请办理职工退休医疗保险趸交	15	

* 连续缴费 10 年也可以办理。

3.1.19 潮州

《潮州市贯彻落实生育保险和职工基本医疗保险合并实施方案》于 2020 年 1 月 1 日开始实施，到 2024 年 12 月 31 日失效。《关于我市生育保险和职工基本医疗保险参保缴费有关问题的通告》中的相关规定于 2020 年 7 月 1 日开始生效。《潮州市基本医疗保险规定》于 2022 年 1 月 1 日开始实施，到 2026 年 12 月 31 日失效。该市基本医保体系由职工医保和居民医保组成，职工医保细分为综合医保和住院医保两个险种。前者采用统筹基金和个人账户相结合的模式，后者则单建统筹基金，不建个人账户（表 41、表 42）。

表 41 潮州市城镇职工社会医疗保险参保缴费结构

单位：%

参保人群类型	职工社会医疗保险费		
	医保缴费比例	生育保险	个人缴费比例
参加职工综合医保的财政全额拨款单位人员	6.4	0.5	2
其他用人单位人员	6.4	1	2
参加职工住院医保人员	3.5	1	0.5

表 42 潮州市参保人退休后享受医疗保险形式情况

单位：年

参保人群类型	本市实际缴费年限	累计缴费年限	享受形式
职工	10	20	在本市实缴职工综合医保满 10 年享受综合医疗保险待遇，其他退休人员享受职工住院医保待遇

3.1.20 揭阳

《揭阳市城镇职工基本医疗保险规定》自 2017 年 10 月 1 日起施行，有效期至 2022 年 9 月 30 日。实行市级统筹，基金纳入市社会保障基金财政专户管理，各县（市、区）分别建账（表43、表44）。

表43 揭阳市城镇职工社会医疗保险参保缴费结构

单位：%

参保人群类型	职工社会医疗保险费	
	单位缴费比例	个人缴费比例
职工	6	2

表44 揭阳市参保人满足退休资格的后续措施

参保人群类型	后续措施
实际缴费年限满15年的人员	按规定享受相应医保待遇
实际缴费年限未满15年的人员	一次性缴纳：由单位以上年全市城镇单位在岗职工月平均工资为缴费基数并逐年递增10%，缴费比例为6.5%（含大病医疗保险）
	逐月缴纳：由单位以退休人员本人缴费工资为基数（低于全市标准时以标准为基数），缴费比例为6.5%（含大病医疗保险）

3.1.21 云浮

《云浮市职工基本医疗保险规定》（云府〔2018〕47号）自2019年1月1日起实施，有效期至2023年12月31日，属于较为传统的医保体系。于2020年2—6月按《云浮市阶段性减征企业职工基本医疗保险费》规定施行职工医保阶段性减征政策（表45～表47）。

表45 云浮市城镇职工社会医疗保险参保缴费结构

单位：%

参保人群类型	职工社会医疗保险费	
	单位缴费比例	个人缴费比例
职工	6	2
灵活就业人员	6	

注：灵活就业人员以申报缴费工资为基数。

表46 云浮市参保人退休后享受医疗保险情况

单位：年

参保人群类型	本市实际缴费年限	累计缴费年限	享受形式
参保职工	10	22	按规定享受相应医保待遇
2012年12月31日前退休	10		

表 47　云浮市参保人退休时缴费年限未达到标准的缴费情况

逐月缴纳	一次性缴纳
按参保人缴费时该年度本市最低职工基本医保缴费基数为基数，按 6％缴费比例逐月缴至规定年限	按参保人缴费时该年度本市最低职工基本医保缴费基数为基数，每年递增 10％，按 6％缴费比例，一次性趸缴至规定年限

3.2　广东省各城市职工医保的收入水平

如表 48 所示，从 2015 年到 2020 年，广东省各城市职工医保参保占比情况无显著变化，增速较小且稳定，但基数差距较大。

表 48　2015—2020 年广东省各城市的两类医保历年参保人数

单位：人，％

年份	非大湾区城市参保人数				大湾区城市参保人数			
	城镇职工医疗保险参保人数	城乡居民医疗保险参保人数	总计	职工医保参保占比	城镇职工医疗保险参保人数	城乡居民医疗保险参保人数	总计	职工医保参保占比
2015	4 755 448	46 670 406	51 425 854	9.25	32 363 030	17 571 328	49 934 358	64.81
2016	5 061 462	45 410 140	50 471 602	10.03	33 079 542	17 950 484	51 030 026	64.82
2017	5 201 311	45 327 072	50 528 383	10.29	34 425 063	18 697 234	53 122 297	64.80
2018	5 429 528	45 177 562	50 607 090	10.73	36 277 397	19 273 219	55 550 616	65.31
2019	5 623 830	44 792060	50 415 890	11.15	38 133 433	19 285 341	57 418 774	66.41
2020	5 893 147	44 640 800	50 533 947	11.66	39 888 228	19 492 193	59 380 421	67.17

资料来源：《广东社会统计年鉴 2021》。

如表 49 所示，两类区域基本医疗保险参保情况有明显的差异，在 2020 年广东省各城市参加基本医疗保险的人口中，非大湾区城市仅有 11.66％的人口参加城镇职工医疗保险，而大湾区城市职工医保的参保占比高达 67.17％，约为非大湾区城市的 6 倍，其中，非大湾区城市揭阳市该占比低至 5.31％。

表 49　2020 年各市两类医保的参保人数及职工医保占基本医疗保险的比重

单位：人，％

市　别	基本医疗保险参保人数			生育保险参保人数	职工医保占基本医疗保险的比重
	合计	城镇职工基本医疗保险参保人数	城乡居民基本医疗保险参保人数		
全省合计	109 914 368	45 781 375	64 132 993	37 998 226	41.65

（续）

市　　别	基本医疗保险参保人数			生育保险参保人数	职工医保占基本医疗保险的比重
	合计	城镇职工基本医疗保险参保人数	城乡居民基本医疗保险参保人数		
广州	13 481 361	8 441 958	5 039 403	6 335 769	62.62
深圳	16 085 580	13 029 297	3 056 283	13 047 905	81.00
珠海	2 133 125	1 450 743	682 382	1 193 331	68.01
佛山	5 964 459	3 623 460	2 340 999	2 969 783	60.75
惠州	4 357 909	1 831 716	2 526 193	1 831 716	42.03
东莞	6 311 931	6 311 931	—	4 931 393	—
中山	2 940 535	2 940 535	—	1 668 371	—
江门	3 956 058	1 471 799	2 484 259	987 560	37.20
肇庆	4 149 463	786 789	3 362 674	597 605	18.96
大湾区城市合计	59 380 421	39 888 228	19 492 193	33 563 433	67.17
汕头	5 017 661	599 127	4 418 534	578 440	11.94
韶关	2 993 667	639 999	2 353 668	386 705	21.38
河源	3 081 351	380 996	2 700 355	328 233	12.36
梅州	4 587 841	527 117	4 060 724	380 208	11.49
汕尾	2 942 586	330 088	2 612 498	234 670	11.22
阳江	2 739 787	329 187	2 410 600	244 150	12.02
湛江	7 240 820	828 992	6 411 828	547 059	11.45
茂名	6 666 243	550 691	6 115 552	382 824	8.26
清远	4 094 822	706 985	3 387 837	503 529	17.27
潮州	2 663 034	399 853	2 263 181	404 027	15.01
揭阳	5 840 950	310 112	5 530 838	201 771	5.31
云浮	2 665 185	290 000	2 375 185	243 177	10.88
非大湾区城市合计	50 533 947	5 893 147	44 640 800	4 434 793	11.66

资料来源：《广东社会统计年鉴 2021》。

　　可见对于非大湾区城市地区，城镇职工医疗保险的参保占比是很低的，也明显低于广东省 41.65％的平均水平。从保险所遵循的大数法则出发，非大湾区城市的职工医保相较于大湾区城市来说在风险承担上面临着更大的压力。

　　如表 50 所示，2015—2020 年，两类区域职工医保基金收入的年均增长率都在 12％左右。在基数差距巨大的情况下，两类区域的医保基金年均增长率却几乎一致，可见二者的增长量也存在巨大差距。

表 50 2015—2020 年各市职工医保基金收入情况

单位：万元，%

市别	2015 年	2016 年	2017 年	2018 年	2019 年	2020 年	年均增速
广州	3 268 748	3 661 691	4 119 883	4 769 309	5 940 100	5 534 852	11.11
深圳	2 284 019	2 611 802	3 300 004	3 980 842	4 406 411	4 628 270	15.17
珠海	324 222	378 635	476 794	495 021	523 211	494 658	8.82
佛山	916 529	972 672	1 329 139	1 537 324	1 779 266	1 661 377	12.63
惠州	375 067	365 336	421 054	486 287	513 178	512 937	6.46
东莞	649 371	858 401	940 444	1 033 400	1 093 771	1 164 764	12.40
中山	332 483	398 783	439 542	464 118	497 028	498 196	8.42
江门	336 711	346 068	405 860	488 744	531 927	524 141	9.25
肇庆	138 602	150 284	153 045	202 753	225 003	241 248	11.72
大湾区城市均值	958 417	1 082 630	1 287 307	1 495 311	1 723 322	1 695 605	12.09
汕头	146 372	153 859	173 428	195 696	231 309	231 549	9.61
韶关	167 124	184 938	199 112	231 371	230 090	279 274	10.81
河源	89 959	97 828	109 252	128 307	145 343	158 466	11.99
梅州	116 519	132 753	148 837	171 516	197 174	236 876	15.25
汕尾	40 907	45 687	50 957	59 215	66 813	67 960	10.69
阳江	67 940	81 077	95 069	125 687	133 726	131 625	14.14
湛江	177 875	201 082	242 390	295 600	342 608	360 302	15.16
茂名	139 028	154 086	169 299	185 963	198 783	208 667	8.46
清远	137 194	145 266	172 509	204 914	214 695	221981	10.10
潮州	52 526	58 294	68 238	79 759	99 804	109 720	15.87
揭阳	30 349	34 445	44 770	63 031	67 346	80 999	21.69
云浮	59 890	66 946	75 279	91 413	91 631	99 283	10.64
非大湾区城市均值	102 140	113 022	129 095	152 706	168 277	182 225	12.27

资料来源：《广东社会统计年鉴 2021》。

2020 年两类区域职工医保基金的收入情况高低区分明显。大湾区城市职工医保基金平均收入是非大湾区城市的接近 7 倍。2020 年非大湾区城市中职工医保基金收入最高的湛江市，仅比大湾区城市最低的肇庆市略高，且远低于大湾区其他城市。将广东省 21 个城市 2020 年职工医保基金收入进行降序排列后，大湾区城市和非大湾区城市的分界线几乎可以作为降序排列的前后分界线。由此可见，大湾区城市与非大湾区城市的职工医保基金收入量级具有显著的区域差异。

另外，职工医保基金收入的年均增速最高的是非大湾区城市揭阳市，高达 21.69%，比第二高的潮州市还要高出 5.82 个百分点，十分突出。与此同时，揭阳市也是唯一一个在 2016—2020 年间，职工医疗保险参保人数增长率呈现负增长的城市，且高达−4.76%。因此，揭阳市于2016—2020年间，在职工医保参保人数逐年减少的情况下，其基金收入却在大幅度提升，异常特征显著。

如表51所示，非大湾区城市的职工医保人均缴费略高于大湾区城市。但在居民医保方面，非大湾区城市人均缴费要低于大湾区城市。

表51   2020年各市两类医保的基金收入和人均缴费

市别	城镇职工基本医疗保险		城乡居民基本医疗保险	
	基金收入/万元	人均缴费/元	基金收入/万元	人均缴费/元
广州	5 534 852	6 556	595 897	1 182
深圳	4 628 270	3 552	481 690	1 576
珠海	494 658	3 410	—	
佛山	1 661 377	4 585	—	
惠州	512 937	2 800	219 681	870
东莞	1 164 764	1 845	—	
中山	498 196	1 694	—	
江门	524 141	3 561	220 907	889
肇庆	241 248	3 066	285 184	848
大湾区城市均值	1 695 605	3 452	360 672	1 073
汕头	231 549	3 865	378 568	857
韶关	279 274	4 364	195 001	828
河源	158 466	4 159	249 944	926
梅州	236 876	4 494	352 877	869
汕尾	67 960	2 059	207 746	795
阳江	131 625	3 998	198 037	822
湛江	360 302	4 346	547 624	854
茂名	208 667	3 789	558 977	914
清远	221 981	3 140	283 980	838
潮州	109 720	2 744	268 390	1 186
揭阳	80 999	2 612	578 703	1 046
云浮	99 283	3 424	202 924	854
非大湾区城市均值	182 225	3 583	335 231	899

资料来源：《广东社会统计年鉴2021》。

注：城镇职工基本医疗保险含生育保险。

2020年大湾区城市职工医保的人均缴费金额与居民医保人均缴费金额之比约为3.2∶1，而非大湾区城市该比值约为4∶1。因此，非大湾区城市职工医保和居民医保的人均缴费金额差距更为悬殊。在这种情况下，非大湾区城市的职工比大湾区城市的职工更有可能选择性地去参加居民医保。

4 广东省各城市城镇职工医疗保险的报销模式和支出水平

4.1 广东省各城市职工医保的报销模式

4.1.1 广州

起付标准除了考虑定点医疗机构级别之外，还将病种因素纳入考虑范围，以减轻患者实际负担（表52）。

表52 广州市职工基本医疗保障住院报销待遇情况

单位：元，%

险种	起付标准[1]			统筹基金支付比例			年累计最高支付限额[2]
	一级定点	二级定点	三级定点	一级定点	二级定点	三级定点	
在职	400	800	1 600	90	85	80	上年度本市在岗职工年平均工资的6倍
退休	280	560	1 120	93	89.5	86	

注：1. 每次住院均需支付一次，连续住院每超过90天需重新支付一次；2. 超出限额部分由重大疾病医疗补助基金协助支付。

4.1.2 深圳

对于不同人群的待遇划分非常细致，除了基本的三个档位之外，还详细到其个人账户积累额的多样化使用，有助于提高个人账户的使用效率，减轻实际医疗负担。

通过多样化的待遇政策来鼓励人们连续参保，比如连续参保时间满36个月后可享受大病门诊待遇。以连续参保时间长度来确定支付限额，并且划分的时间区间非常细；通过对高龄人群多样化的体检补助来促进高龄人群的"多检、早检"，有助于更早发现健康问题，从而在一定程度上减轻后续的医疗负担；通过扩大个人账户的支付范围鼓励人们前往本市定点社康中心就医，以达到推进分级诊疗和社区医院体系逐步完善的作用（表53、表54）。

表53 深圳市职工基本医疗保障住院报销待遇情况

单位：元，%

险种	起付标准					统筹基金支付比例						因工外出、出差，在非结算医院因急诊抢救
	市内			经批转市外	未批转市外	本市退休及按11.5%缴交基本医保	按8%缴费的一档及二档未退休	三档				
	一级及以下	二级	三级					市内一级	市内二级	市内三级	经批转市外	
在职	100	200	300	400	1 000	95	90	85	80	75	70	同级90%

表 54 深圳市基本医疗保障年累计最高支付限额

连续参保时间	本市上年度在岗职工平均工资倍数
不满 6 个月	1 倍
满 6 个月不满 12 个月	2 倍
满 12 个月不满 24 个月	3 倍
满 24 个月不满 36 个月	4 倍
满 36 个月不满 72 个月	5 倍
满 72 个月以上	6 倍

4.1.3 珠海

通过连续参保缴费时间来确定最高支付限额，鼓励人们连续参保，但划分区间较为简单，仅有 3 个层级，在施行中更为便捷。个人账户划入的比例按不同年龄阶段划分，年龄越大划入部分越多（表 55）。

表 55 珠海市职工基本医疗保障住院报销待遇情况

险种	起付标准[1]				统筹基金支付比例/%		年累计最高支付限额[2]
	一级/元	二级/元	三级/元	学生及未成年人	一档	二档	
在职	300	500	1 000	同级50%	92	90	连续缴费 6 个月（含 6 个月）：每人 2 万元
							连续缴费 6 个月至 1 年（含 1 年）：每人 8 万元
退休					94		连续缴费 1 年以上：每人 30 万元

注：1. 在同一医院连续住院每 3 月支付一次（特别规定除外），同一社保年度内累计住院 5 次及以上按同级 50% 确定；2. 连续缴费指从缴费当月至出院当月的实际参保缴费时间，中断不超过 3 个月视为连续参保，超过视为新参保。

4.1.4 佛山

定点医疗机构的住院支付比例较高，一级医院对在职和退休员工分别达到了 98% 和 100%。并且实行划分较细的层级转诊制度。

社会保险待遇具有 90 天等待期，等待期结束后才开始享受职工医保待遇，但单位整体转入等特殊情况不受等待期限制。有利于鼓励连续参保，对部分用人单位的参保具有规范和制约作用，有利于保障职工权利（表 56）。

表 56　佛山市职工基本医疗保障住院报销待遇情况

险种	起付标准			统筹基金支付比例							年累计最高支付限额
	一级[1]/元	二级/元	三级/元	一级/%	二级/%	三级[2]/%	市内二级以上经批转市外定点	经批转市外定点	经批转市外非定点	未经批转市外	
在职	400	600	1 200	98	90	85	市内同级比例	同级70%	同级50%	不予支付	每人30万元
退休	300	500	1 000	100	93	85					

注：1. 一级医院含社区定点医疗机构；2. 恶性肿瘤、心脑疾病手术治疗以及肝、肾和骨髓移植住院的支付比例为90%。

4.1.5　惠州

通过对中医药起付标准的调整来支持基层中医院发展，对于引导参保人员选择中医院就医具有积极推动作用。《中共惠州市委惠州市人民政府印发〈关于促进中医药传承创新发展的实施方案〉的通知》（惠市委发〔2020〕1号）明确降低了中医类别医院的起付线。

与旧版方案相比，提高了市外住院起付线，参保人到本市行政区域外医院就医的，起付标准由1 200元调整为1 600元，有利于引导参保人按照分级诊疗规定在市内就医，维护医保基金安全。取消了特定门诊需要参保缴费满一年的条件，降低了享受特定门诊待遇门槛，减轻患者实际医疗负担。不按卫健部门确定的转诊、转院"病种清单"就医的，医保基金支付比例分别下调10个百分点（急诊除外）。同时不再在本市行政区域外设置市外定点医疗机构。有利于提升县域内住院率，配合支持分级诊疗制度落实，规范参保人就医秩序（表57）。

表 57　惠州市职工基本医疗保障住院报销待遇情况

险种	起付标准					统筹基金支付比例				不按卫健部门确定的转诊、转院清单就医（急诊除外）	年累计支付限额*
	一级/元	二级/元	三级/元	县级（含二级）中医院/元	市外/元	连续缴费满6个月以上		缴费不满6个月			
						市内定点/%	经批转转院（含市外）/%	市内定点/%	未经批转转院（含市外）/%		
在职	200	400	800	200	1 600	95	95	50	50	同级下调10%	每人60万元

*超过限额部分由补充医保基金支付95%。

4.1.6 东莞

建立社区门诊统筹，实行社区首诊、逐级转诊及双向转诊制度。同时，重视家庭医生服务体系的建设并将其纳入报销支付和转诊层级，对于按规定签订家庭医生服务协议的签约参保人的支付比例会更高。

存在医疗保险待遇等待期，但根据不同的连续足额参保会给予不同的待遇，如同步享受大病保险待遇或补充医疗保险待遇。通过实际的待遇提高来鼓励人们连续足额参保。对于每次住院发生的起付标准以上部分的基本医疗费用，采取年度累计分段支付的方式（表58、表59）。

表 58　东莞市职工基本医疗保障住院报销待遇情况

| 险种 | 起付标准/元 | | | | | | 年最高支付限额 |
| | 市内 | | | 市外 | | | |
	一级及以下	二级	三级	一级及以下	二级	三级	
在职	500	800	1 300	1 000	1 500	2 000	缴费满 2 个月不足 1 年：每人 3 万元 缴费满 1 年不足 2 年：每人 5 万元 缴费满 2 年以上：上年全市职工年平均工资的 8 倍

注：14 周岁以下儿童按标准 50%确定。

表 59　东莞市职工基本医疗保障住院基金支付比例

单位：%

| 险种 | 本市一级定点 | | | 本市二级定点 | | | 本市三级定点 | | |
	小于等于 8 万元	8 万元至 16 万元	16 万元以上	小于等于 8 万元	8 万元至 16 万元	16 万元以上	小于等于 8 万元	8 万元至 16 万元	16 万元以上
在职	95	85	75	90	80	70	85	75	65

注：达到法定退休年龄且达到规定缴费年限时，各段比例增加 5%。

4.1.7　中山

住院支付比例采取分段支付的方式，但仅以 1 万元为界分为两段。通过连续缴纳基本医疗保险费年限来划分住院累计支付限额，但仅以 1 年为界分为两档，在一定程度上有助于防范基本医疗保险参保道德风险并推进连续参保（表60）。

表 60　中山市职工基本医疗保障住院报销待遇

险种	起付标准/元				统筹基金支付比例/%					年累计支付限额
	一级	二级	三级	市外定点	市内一、二级定点	市内三级定点		转市外定点		
						1万元及以下	1万元以上	1万元及以下	1万元以上	
在职	600	800	1 000	1 200	90	80	85	78	83	连续缴费不满1年：每人2.5万元
										连续缴费满1年以上：每人10.5万元

4.1.8　江门

职工医保的大病保险待遇较之前有明显提高。一是起付标准由原来的1万元调整到5 000元；二是支出在20万元以内的支付比例由原来的60%提高到85%，超过20万元且由大病保险支付的比例由原来的70%提高到90%。

可选两家定点医疗机构，一家基层和一家非基层定点医疗机构，有助于满足参保人多样化的医疗需求。同时更加注重家庭病床政策的推进，参保人在二、三级定点医疗机构住院并向家庭病床定点机构发起转诊并建立家庭病床的，不设置起付标准。有利于鼓励人们在家庭病床定点医疗机构就医，进而推进分级诊疗制度的落实。

部分待遇标准从2022年1月1日起实行，随着有效期1年的《关于公布2022年度江门市基本医疗保险（含生育保险）待遇标准的通知》的实施有所变动（表61）。

表 61　江门市职工基本医疗保障住院报销待遇

险种	起付标准/元				统筹基金支付比例/%				年累计最高支付限额
	一级及以下定点	二级定点	三级定点	其他	一级及以下定点	二级定点	三级定点	其他	
在职	500	600	900	1 500	93	90	83	64	每人56万元
退休	400	500	800	1 400	96	93	86	67	

4.1.9　肇庆

《肇庆市职工基本医疗保险办法》自2015年7月1日起施行，职工医保统筹基金待遇包括住院医疗保障、特定病种门诊医疗保障等（表62）。

表 62　肇庆市职工基本医疗保障住院报销待遇

险种	起付标准				统筹基金支付比例*						年累计最高支付限额
					市内				市外		
	一级（含社区定点）/元	二级/元	三级/元	转诊市外	一级定点/%	二级定点/%	三级定点/%	办理异地就业	经市内二级及以上备案转至市外定点	未批转市外定点、市外非定点	
在职	400	800	1 200	同级120%	91	85	80	到定点备案机构：与市内相同	同级下调10%	同级下调25%	—
退休					93	90	85	到备案外定点机构：参照市外转诊			

* 除急诊抢救外，到非定点医疗机构就医的医疗费不予报销。

4.1.10　汕头

《汕头市人民政府办公室关于进一步完善我市职工基本医疗保险制度有关问题的通知》自 2018 年 7 月 1 日起施行，有效期至 2023 年 6 月 30 日。通知对该市职工基本医疗保险征缴、待遇享受等部分内容进行调整（表 63）。

表 63　汕头市职工基本医疗保障住院报销待遇

险种	起付标准/元				统筹基金支付比例/%						年累计最高支付限额
	一级	二级	三级	市外定点	一级及以下	二级	三级	经批转市外定点	未批转市外定点	因急诊（症）抢救在市外非定点	
在职	200	400	1 000	1 000	90	85	80	72	60	60	连续缴费12个月以下：每人10万元
退休					92	88	84	76			连续缴费12个月以上：每人40万元

建立最高支付限额与连续缴费时长相挂钩的机制，有利于引导参保人连续参保，提高基金支出的合理性和可持续性。适度改革职工医保个人账户，对已符合缴费年限不需缴纳医保费用的退休人员及一次性预缴医疗保险费的人员，将个人账户的划入基数进行固化。

4.1.11 韶关

职工医保最高支付限额从 6.8 万元提高到了 10 万元，呈现大幅提升（表 64）。在多数医疗机构如使用全血、血浆、成分血的，个人需先自付 20％。普通门诊统筹金可支付婚前检查发生的费用，按 120 元/人的标准支付。

表 64   韶关市职工基本医疗保障住院报销待遇

| 险种 | 起付标准/元 | | | | | 统筹基金支付比例/% | | | 年最高支付限额 |
	一级及其他	二级	三级	省级三级	县级二级专科	一级及其他	二级	三级	
在职	200	500	1 000	1 600	300	88	84	80	每人 10 万元
退休						90	87	83	

4.1.12 河源

是否享受补充医疗保险报销待遇与连续缴费时长挂钩，但仅设置了需连续缴费满 6 个月这一门槛，并没有对不同时长设定不同报销比例（表 65）。

表 65   河源市职工基本医疗保障住院报销待遇

| 险种 | 起付标准/元 | | | | 统筹基金支付比例/% | | | | | | 年最高支付限额 |
| | 市内 | | | 市外 | 经批准转院 | | | 未经批准转院 | | | |
	一级	二级	三级		市内一级	市内二级、三级	市外	市内一级	市内二级、三级	市外	
城镇	250	350	500	1 000	92	85	80	72	65	60	每人 45 万元

注：连续缴费不满 6 个月或到非定点医疗机构就医时，基金支付比例为 60％，满 6 个月以上参照表内比例。

4.1.13 梅州

《梅州市城镇职工基本医疗保险暂行办法》与其配套文件《梅州市城镇职工基本医疗保险暂行办法的实施细则》自 2000 年 12 月 1 日起同步实施。整体制度略显陈旧，更新调整速度难以适应当下实际医疗需求（表 66）。

表66　梅州市职工基本医疗保障住院报销待遇

险种	起付标准/元			统筹基金支付比例/%				年累计最高支付限额
	一级以下	二级	三级	起付标准至5 000元	5 000< · ≤10 000元	10 000< · ≤15 000元	15 000< · ≤25 000元	
在职	450	600	800	70	75	80	85	上年全市职工年平均工资的4倍
退休				75	80	85	90	

注：超过限额部分以补充医疗保险或商业保险等方式解决。

4.1.14　汕尾

该市的普通门诊按每人每年10元的标准划入参保人的社会保障卡（表67）。

表67　汕尾市职工基本医疗保障住院报销待遇

险种	起付标准/元			统筹基金支付比例/%						年最高支付限额
	市内			定点医院			非定点医院			
	一级	二级	三级	一级	二级	三级	一级	二级	三级	
城镇	400	600	800	95	85	80	90	80	75	每人20万元

4.1.15　阳江

无明确且公开的系统性办法类文件，现以2013年10月31日发布的《关于调整城镇职工基本医疗保险待遇的通知》为政策依据（表68）。

表68　阳江市职工基本医疗保障住院报销待遇

险种	起付标准/元				统筹基金支付比例/%					年累计最高支付限额
	一级	二级	三级	市外	一级	二级	三级	经批转市外	未批转市外	
在职	400	500	900	1 000	82	80	76	同级下调10%	同级下调15%	每人10万元
退休					84	82	78			

4.1.16　湛江

设置了医疗保险待遇等待期，规定从缴费的第七个月开始才能享受相应的医保待遇。是广东省21个地级市中医疗保险待遇等待期最长的城市，针对不同连续足额参保时长没有设置不同的待遇激励（表69）。

表 69　湛江市职工基本医疗保障住院报销待遇

险种	起付标准/元			统筹基金支付比例/％			年累计最高支付限额
	一类	二类	三类	一类	二类	三类	
在职	200	500	800	90	85	80	每人 10 万元
退休				93	88	83	

4.1.17　茂名

无明确且公开的系统性办法类文件，从 2021 年 5 月 1 日起，继续实施阶段性降低城镇职工基本医疗保险（含生育保险）单位缴费费率，由原来的 7％（含生育保险 0.5％）下调至 6.5％（含生育保险 0.5％），实施期限至 2021 年 12 月 31 日。实施期间，当该市城镇职工基本医疗保险（含生育保险）统筹基金累计结余（剔除一次性预缴基本医疗保险费）可支付月数不超过 9 个月（含 9 个月）时，停止执行该政策，待结余可支付月数超过 9 个月时，则继续执行（表 70）。

表 70　茂名市职工基本医疗保障住院报销待遇

险种	起付标准				统筹基金支付比例						年累计最高支付限额
	一级及以下定点/元	二级定点/元	三级定点/元	市外/元	一级及以下定点/％	二级定点/％	三级定点/％	办理长期异地居住	经批转市外	未批转市外	
在职	200	500	700	1 000	90	80	80	与市内相同	同级下调5％	同级下调20％	每人 20 万元
退休					92	85	85				

4.1.18　清远

《清远市城镇职工医疗保险实施办法》《清远市城镇职工补充医疗保险实施办法》于 2014 年 1 月 1 日开始实施（表 71）。

4.1.19　潮州

参保人出院未超过 15 日后又在同一家定点医疗机构再次住院的，按一次入院执行起付标准。起付线设定更为人性化，有利于避免出现短期内反复住院的患者被多次执行起付标准的情况。

连续缴纳职工基本医疗保险费的时长与统筹基金支付比例挂钩，以 6 个月为界分为两个区间，未满 6 个月的只能按城乡居民基本医疗保险标准享受医疗保险待遇。起付标准的设定中对在精神专科医院就诊的患者设置 100 元的较低起付线，能减轻该类患者实际医疗负担（表 72）。

表 71　清远市职工基本医疗保障住院报销待遇

险种	起付标准/元						统筹基金支付比例[①]/%		年最高支付限额
	本地			异地			市内	市外	
	一级	二级	三级	一级	二级	三级			
城镇							87	67	每人 60 万元
退休							90	70	
灵活就业人员	300	600	900	600	900	1 200	87	67	连续参保不足半年：基数的 0.5 倍
									连续参保满半年不足一年：基数的 1 倍
									连续参保满一年：每人 60 万元

注：1. 以全市上年度企业在岗职工年平均工资为基数；2. 基金实际支付 5.5 万元以内参照以上比例。

表 72　潮州市职工基本医疗保障住院报销待遇

险种	起付标准/元					统筹基金支付比例/%								年累计最高支付限额
	市内				市外定点	缴费未满 6 个月				缴费满 6 个月				
	一级定点	二级定点	三级定点	精神专科		本市一类定点	本市二类定点	本市三类定点	市外定点	本市一类定点	本市二类定点	本市三类定点	市外定点	
城镇	300	500	700	100	1 200	90	85	70	60	95	90	80	70	每人 35 万元

注：每个自然年首次结算出院需按一次起付标准执行。

4.1.20　揭阳

实行最基本的职工基本医疗保险模式（表 73）。

表 73　揭阳市职工基本医疗保障住院报销待遇

险种	起付标准/元						统筹基金支付比例/%			年累计最高支付限额
	市内			市外			本市定点	市外定点	市外非定点	
	一级	二级	三级	一级	二级	三级				
城镇	200	300	400	300	400	600	90	85	80	每人 30 万元

注：参保职工在市内非定点及市外非当地定点医院住院，其医疗费用不列入基本医保支付范围。

4.1.21 云浮

在市外定点医疗机构支付比例的划分中，提出了更加符合人们需求的新情形并设定合适的支付比例（表 74）。

表 74 云浮市职工基本医疗保障住院报销待遇

险种	起付标准/元				统筹基金支付比例/%						年累计最高支付限额
	市内			市外定点	市内定点		市外定点				
	一级定点	二级定点	三级定点		一级	二级、三级	市内二级及以上定点出院后，因需30天内首次住院	二次及以上住院	因急诊、抢救、留院观察并收治入院	其他情形	
城镇	200	500	800	1 000	95	85	75	75	75	65	本市上上年度城镇非私营单位在岗职工年平均工资的 6 倍

注：住院治疗前连续缴纳不满 6 个月时基金支付比例降低 10%。

4.2 广东省各城市职工医保的支出水平

如表 75 所示，2015—2020 年间，大湾区城市职工医保基金支出年均增速为 14.75%，非大湾区城市为 12.24%。其中，年均增速最高的是非大湾区城市揭阳市，高达 20.60%。

表 75 2015—2020 年各市城镇职工基本医疗保险（含生育保险）基金支出情况

单位：万元，%

市别	2015 年	2016 年	2017 年	2018 年	2019 年	2020 年	年均增速
广州	2 460 807	2 573 996	3 191 006	3 618 007	4 241 668	4 447 497	12.57
深圳	1 116 844	1 389 114	1 842 612	2 084 229	2 587 692	2 766 348	19.89
珠海	277 964	325 199	440 911	458 889	563 133	604 683	16.82
佛山	742 888	842 080	1 181 827	1 293 505	1 444 494	1 519 231	15.38
惠州	291 579	332 295	386 375	433 358	499 958	563 113	14.07
东莞	555 938	676 029	809 482	922 199	950 166	1 229 104	17.20
中山	279 471	323 518	398 808	393 578	429 119	393 175	7.07
江门	309 027	344 285	355 496	448 009	510 484	507 407	10.43
肇庆	131 348	148 031	168 849	201 723	220 829	238 997	12.72

（续）

市别	2015 年	2016 年	2017 年	2018 年	2019 年	2020 年	年均增速
大湾区城市均值	685 096	772 727	975 041	1 094 833	1 271 949	1 363 284	14.75
汕头	130 385	156 930	164 720	280 408	229 634	233 305	12.34
韶关	128 957	143 532	178 050	206 965	220 474	223 968	11.67
河源	80 337	84 454	108 650	116 782	138 635	141 923	12.05
梅州	116 782	132 187	147 854	163 169	176 450	204 065	11.81
汕尾	38 234	42 140	48 750	51 838	53 942	50 780	5.84
阳江	60 409	73 873	90 302	103 494	117 064	113 378	13.42
湛江	154 379	185 586	217 924	289 651	324 912	342 532	17.28
茂名	137 805	136 089	171 519	180 184	204 496	216 613	9.47
清远	156 108	136 075	159 629	182 286	196 839	218 885	6.99
潮州	47 272	56 867	63 551	69 967	90 887	100 641	16.31
揭阳	29 848	35 755	43 005	49 183	86 448	76 134	20.60
云浮	47 985	53 626	70 247	77 005	85 228	87 822	12.85
非大湾区城市均值	94 042	103 093	122017	147 578	160 417	167 504	12.24

资料来源：《广东社会统计年鉴 2021》。

如表 76 所示，2020 年大湾区城市职工医保人均支出为 3 140 元，非大湾区城市的人均支出仅为 2 459 元，前者约为后者的 1.3 倍。其中，非大湾区城市揭阳市人均支出低至 1 224 元，大湾区城市广州高达 5 421 元，两极分化非常明显。

表 76　2020 年各市两类基本医疗保险的基金支出和人均支出情况

市别	城镇职工基本医疗保险（含生育保险）		城乡居民基本医疗保险	
	基金支出/万元	人均支出/元	基金支出/万元	人均支出/元
广州	4 447 497	5 421	386 713	767
深圳	2 766 348	2 181	338 916	1 109
珠海	604 683	4 117	—	—
佛山	1 519 231	3 700	—	—
惠州	563 113	2 820	214 728	850
东莞	1 229 104	2080	—	—
中山	393 175	1 660	—	—
江门	507 407	3 309	188 250	758

（续）

市别	城镇职工基本医疗保险（含生育保险）		城乡居民基本医疗保险	
	基金支出/万元	人均支出/元	基金支出/万元	人均支出/元
肇庆	238 997	2 975	282 192	839
大湾区城市均值	1 363 284	3 140	282 160	857
汕头	233 305	2 356	286 827	649
韶关	223 968	3 046	194 787	828
河源	141 923	2 689	242 251	897
梅州	204 065	2 022	355 152	875
汕尾	50 780	1 626	183 381	702
阳江	113 378	2 697	172 517	716
湛江	342 532	3 275	460 001	717
茂名	216 613	2 667	519 907	850
清远	218 885	2 575	288 737	852
潮州	100 641	2 060	236 702	1 046
揭阳	76 134	1 224	553 393	1 001
云浮	87 822	2 428	238 015	1 002
非大湾区城市均值	167 504	2 459	310 973	836

资料来源：《广东社会统计年鉴2021》。

注：因数据缺失，城乡居民基本医疗保险的计算剔除珠海、佛山、东莞、中山等4个城市。人均支出＝基金支出÷参保人数。

因此，非大湾区城市的职工医保基金在该6年内的报销支出增速和人均报销数额都低于大湾区城市。

如表77所示，2015—2020年，大湾区城市的职工医保基金累计结余年均增速为14.85％，而非大湾区城市仅为7.30％。2020年大湾区城市的职工医保基金累计结余数额约是非大湾区城市的24.3倍。其中，2020年非大湾区城市揭阳市的累计结余数低至19 999元。

表77　2015—2020年广东省各市镇职工基本医疗保险（含生育保险）基金累计结余情况

单位：万元，％

市别	2015年	2016年	2017年	2018年	2019年	2020年	年均增速
广州	6 586 836	7 674 532	8 603 407	9 754 709	11 453 141	12 540 496	13.74
深圳	6 450 133	7 672 822	9 130 214	11 026 827	12 845 545	14 707 467	17.92

（续）

市别	2015 年	2016 年	2017 年	2018 年	2019 年	2020 年	年均增速
珠海	310 276	363 710	469 305	505 436	465 514	355 488	2.76
佛山	1 198 583	1 329 174	1 602 210	1 846 029	2 180 801	2 322 947	14.15
惠州	592 105	625 139	659 816	712 745	725 964	675 788	2.68
东莞	643 325	825 694	956 656	1 067 856	1 211 461	1 147 121	12.26
中山	296 965	372 232	412 965	483 506	551 416	649 575	16.95
江门	297 008	298 792	349 156	389 891	411 334	428 067	7.58
肇庆	105 528	107 777	91974	93 004	97 178	99 430	−1.18
大湾区城市均值	1 831 195	2 141 097	2 475 078	2 875 556	3 326 928	3 658 487	14.85
汕头	179 381	176 311	185 018	100 307	101 981	100 226	−10.99
韶关	217 171	258 578	279 640	304 046	313 662	368 968	11.18
河源	66 268	79 642	80 244	91 768	98 477	115 020	11.66
梅州	76 372	76 940	77 924	86 271	106 996	139 807	12.85
汕尾	34 077	37 625	39 830	47 208	60 077	77 258	17.79
阳江	75 730	82 934	87 701	109 894	126 556	144 803	13.84
湛江	168 736	184 232	208 698	214 646	232 342	250 112	8.19
茂名	207 540	225 537	223 317	229 097	223 383	215 437	0.75
清远	132 453	141 642	154 523	177 151	195 007	198 102	8.38
潮州	40 000	41 426	46 114	55 906	64 822	74 114	13.13
揭阳	19 931	18 622	20 387	34 235	15 133	19 999	0.07
云浮	52 870	66 191	71 222	85 629	92 032	103 493	14.38
非大湾区城市均值	105 877	115 807	122 885	128 013	135 872	150 612	7.30

资料来源：《广东社会统计年鉴 2021》。

如表 78 所示，2015—2020 年，大湾区城市的职工医保基金可支付月数的平均值稳定在 30 个月以上，而非大湾区城市仅在 11 个月左右，二者存在近 3 倍的差距。其中，2020 年非大湾区城市揭阳市的可支付月数低至 3.15 个月，严重低于 6 个月的健康警戒线。

表 78　2015—2020 年广东省各市城镇职工基本医疗保险（含生育保险）
　　　　基金可支付月数情况

单位：月

市别	2015 年	2016 年	2017 年	2018 年	2019 年	2020 年
广州	32.12	35.78	32.35	32.35	32.4	33.84
深圳	69.3	66.28	59.46	63.49	59.57	63.80
珠海	13.39	13.42	12.77	13.22	9.92	7.05
佛山	19.36	18.94	16.27	17.13	18.12	18.35
惠州	24.37	22.58	20.49	19.74	17.42	14.40
东莞	13.89	14.66	14.18	13.9	15.3	11.20
中山	12.75	13.81	12.43	14.74	15.42	19.83
江门	11.53	10.41	11.79	10.44	9.67	10.12
肇庆	9.64	8.74	6.54	5.53	5.28	4.99
大湾区城市均值	32.07	33.25	30.46	31.52	31.39	32.20
汕头	16.51	13.48	13.48	4.29	5.33	5.16
韶关	20.21	21.62	18.85	17.63	17.07	19.77
河源	9.9	11.32	8.86	9.43	8.52	9.73
梅州	7.85	6.98	6.32	6.34	7.28	8.22
汕尾	10.7	10.71	9.8	10.93	13.36	18.26
阳江	15.04	13.47	11.65	12.74	12.97	15.33
湛江	13.12	11.91	11.49	8.89	8.58	8.76
茂名	18.07	19.89	15.62	15.26	13.11	11.93
清远	10.18	12.49	11.62	11.66	11.89	10.86
潮州	10.15	8.74	8.71	9.59	8.56	8.84
揭阳	8.01	6.25	5.69	8.35	2.1	3.15
云浮	13.22	14.81	12.17	13.34	12.96	14.14
非大湾区城市均值	13.51	13.48	12.09	10.41	10.16	10.79

资料来源：《广东社会统计年鉴 2021》。

注：基金可支付月数＝基金累计结余/（基金支出/12）。

　　因此，非大湾区城市的职工医保基金在 2015—2020 年这 6 年内的累计结余数、累计结余年均增速和可支付月数都远远低于大湾区城市。

　　如表 79 所示，2020 年大湾区城市职工医保基金当期结余率为 19.60%，非大湾区城市仅为 8.08%。其中珠海市 2020 年当期结余为−22.24%，为该年度医保基金赤字最高的城市。同时，2020 年大湾区城市职工医保基金累计结余率为720.25%，非大湾区城市仅为 196.00%。因此，非大湾区城市的当期结余率和累计结余率都远低于大湾区城市，二者存在着约 3.7 倍的差距。

表 79 2020 年广东省各市职工医保（含生育保险）基金结余情况

市别	当期结余	当期结余率	累计结余率
广州	1 087 355	19.65	175.65
深圳	1 861 922	40.23	1 209.89
珠海	−110 025	−22.24	1 079.16
佛山	142 146	8.56	360.13
惠州	−50 176	−9.78	908.10
东莞	−64 340	−5.52	1 862.00
中山	105 021	21。08	1 055.18
江门	16 734	3.19	167.83
肇庆	2 251	0.93	101.90
大湾区城市均值	332 321	19.60	720.25
汕头	−1 756	−0.76	195.29
韶关	55 306	19.80	66.96
河源	16 543	10.44	287.97
梅州	32 811	13.85	216.50
汕尾	17 180	25.28	313.48
阳江	18 247	13.86	273.90
湛江	17 770	4.93	85.74
茂名	−7 946	−3.81	169.66
清远	3 096	1.39	323.72
潮州	9 079	8.27	83.11
揭阳	4 865	6.01	396.38
云浮	11 461	11.54	312.50
非大湾区城市均值	14 721	8.08	196.00

资料来源：《广东社会统计年鉴 2021》。

注：当期结余＝基金收入－基金支出，当期结余率＝（基金收入－基金支出）/基金收入，累计结余率＝基金累计结余/基金收入

如表 80 所示，2020 年大湾区城市职工医保基金收入和支出分别约占一般公共预算的 17.96% 和 14.44%，非大湾区城市则分别达到了 19.52% 和 17.93%，均高于大湾区城市。

表 80　2020 年广东省各市城镇职工基本医疗保险（含生育保险）基金收支占财政预算的比重

市别	地方一般公共预算/亿元		城镇职工医疗保险基金收入占比/%		城镇职工医疗保险基金支出占比/%	
	收入	支出	占预算收入比	占预算支出比	占预算收入比	占预算支出比
广州	1 722.79	2 952.65	32.13	18.75	25.82	15.06
深圳	3 857.46	4 178.42	12.00	11.08	7.17	6.62
珠海	379.13	677.62	13.05	7.30	15.95	8.92
佛山	753.56	1 003.04	22.05	16.56	20.16	15.15
惠州	412.25	637.37	12.44	8.05	13.66	8.83
东莞	694.75	840.33	16.77	13.86	17.69	14.63
中山	287.57	375.63	17.32	13.26	13.67	10.47
江门	264.00	442.38	19.85	11.85	19.22	11.47
肇庆	124.51	430.58	19.38	5.60	19.20	5.55
大湾区城市均值	944.00	1 282.00	17.96	13.23	14.44	10.63
汕头	143.47	427.26	16.14	5.42	16.26	5.46
韶关	105.12	370.14	26.57	7.55	21.31	6.05
河源	79.81	361.76	19.86	4.38	17.78	3.92
梅州	88.19	474.35	26.86	4.99	23.14	4.30
汕尾	46.01	266.51	14.77	2.55	11.04	1.91
阳江	65.70	249.84	20.03	5.27	17.26	4.54
湛江	137.78	538.59	26.15	6.69	24.86	6.36
茂名	142.66	479.75	14.63	4.35	15.18	4.52
清远	123.62	411.84	17.96	5.39	17.71	5.31
潮州	48.63	217.17	22.56	5.05	20.70	4.63
揭阳	73.97	374.48	10.95	2.16	10.29	2.03
云浮	65.89	263.10	15.07	3.77	13.33	3.34
非大湾区城市均值	93.40	369.57	19.51	4.93	17.93	4.53

资料来源：《广东省统计年鉴 2021》。

5 非大湾区各城市职工医保基金支出压力的原因分析

5.1 非大湾区城市与大湾区城市职工医保筹资和报销模式的对比

从基本医疗保险整体架构来看，大湾区城市和非大湾区城市的制度体系存在明显的区域差异。非大湾区城市的基本医疗保险体系普遍采取较为传统的职工医保和居民医保分而立之，各自建账，分别管理的方式。而大湾区城市中许多城市如中山、东莞等都在改革探索基本医疗保险一体化。

从城镇职工医疗保险本身来看，大湾区的大部分城市是在探索多层次的分档缴费方式和多样化的补充医疗保险，而非大湾区城市则是根据省级基本要求进行简单的缴费比例设定，结构相较之下更为僵化单一，各项细则设定在对参保群众的正向激励和医保基金的健康持续性建设方面，并没有发挥太多作用。非大湾区中较多城市的职工医保会分成综合医保和住院医保两个险种，抑或是统账结合和单建统筹两种参保形式，但大湾区的大部分城市都没有这种分法。

从缴费比例和最低缴费年限的设定来看，非大湾区城市整体比例设定以省级要求为准，高度平均，内部趋同性较强。而非大湾区的城市内部设定个性化和差异性强（表81）。

表81 广东省各城市职工医保缴费比例及最低缴费年限汇总（在职职工）

城市	单位缴纳比例/%	个人缴纳比例/%	最低缴费年限
广州	8	2	2014年以前参保：10年 2014年以后参保：15年
深圳	一档：6.2 二档：0.6 三档：0.45	一档：2 二档：0.2 三档：0.1	2014年起：15年（本市实际缴费年限10年） 2024年起：25年（本市实际缴费年限15年）
珠海	一档：6 二档：2.5	一档：2 二档：0	一档：20年（本市实际缴费年限10年） 二档：25年（本市实际缴费年限12.5年）
佛山	5.6	2	累计缴费年限25年（本市实际缴费年限10年）
惠州	6.8	2	2021年后退休：从19年起逐年递增1年 2027年后退休女职工：25年 2032年后退休男职工：30年
东莞	2.3	0.5	男：30年（本市实际缴费年限10年） 女：25年（本市实际缴费年限10年）

（续）

城市	单位缴纳比例/%	个人缴纳比例/%	最低缴费年限
中山	2	0.5	参保人停止缴费则自次月1日起不再享受待遇
江门	6	2	2018年前：20年 2018年后：25年
肇庆	6.3	2	男：25年（本市实际缴费年限10年） 女：20年（本市实际缴费年限10年）
汕头	综合医保：6 住院医保：5	综合医保：2 住院医保：0	20年（本市实际缴费年限10年）
韶关	6	2	20年
河源	综合医保：6.5 住院医保：0	综合医保：2 住院医保：5.5	男：30年 女：25年
梅州	6.5	2	20年（本市实际缴费年限10年）
汕尾	统账结合：6.5 单建统筹：5.3	统账结合：2 单建统筹：0	20年
阳江	6	1.5	25年（本市实际缴费年限5年）
湛江	统账结合：6.2 单建统筹：4.8	统账结合：2 单建统筹：0	20年
茂名	6.5	2	25年（本市实际缴费年限5年）
清远	7.5	2	2019年前：15年（或连续缴费10年） 2019年后：15年
潮州	综合医保：7.4 住院医保：4.5	综合医保：2 住院医保：0.5	20年（本市实际缴费年限10年）
揭阳	6	2	15年
云浮	6	2	22年（本市实际缴费年限10年）

从整体来看，除深圳外的大湾区城市的起付标准普遍要高于非大湾区城市（表82）。深圳市起付线设定低，相应的其医保报销比例也会稍低一些。对于报销比例来说，大湾区除深圳外都比较均衡，区域内部水平相差不大；而非大湾区城市则呈现水平差异较大的情况，高的如汕尾和云浮，其一级医疗机构支付比例达到了95%，甚至揭阳不区分医疗机构级别，统一按90%进行支付；而低的如清远、阳江和韶关，阳江甚至最高比例才82%。

可以看出，大湾区城市在起付标准较高的情况下，设定了较高的医保报销比例。而非大湾区城市，起付标准处于较低水平，而支付比例又两极分化严重，综合三级支付比例来看，整体稍低于大湾区城市。此外，非大湾区城市基本按照医疗机构级别划定一个统一比例，与大湾区城市多样且细致的划定办法相比灵活度不足。其中，清远市在起付线较高的同时，报销比例还更低，可见清远的医保待遇受制于其基金压力，与广东省其他城市的参保人相比，该城市参保人的利益难以得到充分的保障。

表 82　广东省各市在职职工基本医疗保障市内住院报销待遇汇总

城市	起付标准/元			统筹基金支付比例/%		
	一级	二级	三级	一级	二级	三级
广州	400	800	1 600	90	85	80
深圳	100	200	300	85	80	75
珠海	300	500	1 000	一档：92 二档：90		
佛山	400	600	1 200	98	90	85
惠州	200	400	800	连续缴费<6个月：50 连续缴费≥6个月：95		
东莞	500	800	1 300	≤8万元：95 8~16万元：85 >16万元：75	≤8万元：90 8~16万元：80 >16万元：70	≤8万元：85 8~16万元：75 >16万元：65
中山	600	800	1 000	90		≤1万元：80 >1万元：85
江门	500	600	900	93	90	83
肇庆	400	800	1 200	91	85	80
汕头	200	400	1 000	90	85	80
韶关	200	500	1 000	88	84	80
河源	250	350	500	92		85
梅州	450	600	800	起付线至5千元：70；超过5千元且小于等于1万元：75 超过1万元且小于等于1.5万元：80； 超过1.5万元且小于等于2万元：85		
汕尾	400	600	800	95	85	80
阳江	400	500	900	82	80	76
湛江	200	500	800	90	85	80
茂名	200	500	700	90	80	
清远	300	600	900	市内：87 市外：67		

城市	起付标准/元			统筹基金支付比例/%		
	一级	二级	三级	一级	二级	三级
潮州	300	500	700	缴满6月：95 未满6月：90	缴满6月：90 未满6月：85	缴满6月：80 未满6月：70
揭阳	200	300	400		90	
云浮	200	500	800	95		85

5.2　非大湾区城市与大湾区城市职工医保收入和支出水平的对比

结合广东省各城市城镇职工医疗保险的缴费规模和支出规模，可整理出其现状的整体情况。如表83所示，缴费规模上，非大湾区城市职工医保参保人数占基本医保的比重远低于大湾区城市，而职工医保基金收入年均增速和人均缴费都高于大湾区城市；支出规模上，非大湾区城市职工医保基金支出年均增速和人均支出小于大湾区城市，反映基金偿付能力和可持续性的当期结余率、累计结余率、累计结余年均增速、可支付月数都远低于大湾区城市。

表83　2020年大湾区城市与非大湾区城市职工医保（含生育保险）基金现状对比

所属类别	指　　　标	大湾区城市	非大湾区城市
缴费规模	职工医保参保占基本医保之比/%	67.17	11.66
	基金收入年均增速/%	12.09	12.27
	人均缴费/元	3 452	3 583
支出规模	基金支出年均增速/%	14.75	12.24
	人均支出/元	3 140	2 459
	当期结余率/%	19.60	8.08
	累计结余率/%	720.25	196.00
	累计结余年均增速/%	14.85	7.30
	可支付月数/月	32.20	10.79

注：各指标数据皆来源于前文图表。

因此两类区域职工医保基金现状呈现如下特点，非大湾区城市：参保少、缴费多、报销少、可持续性差、压力大；大湾区城市：参保多、缴费少、报销多、可持续性强、压力小。

5.3　非大湾区各城市职工医保基金支出压力大的原因

5.3.1　非大湾区城市存在较多职工未完全参加职工医保的情况

2020年全国职工医疗保险参保人数占职工养老保险参保人数比重为

75.52%，而广东省该比重为 93.95%，从全省整体情况来看参保情况较好。但是将广东省划分为非大湾区城市和大湾区城市两类区域时，如表 84 所示，大湾区城市比重均值为 102.08%，非大湾区城市比重均值为 72.08%，区域差异显著。

表 84　2020 年广东省各市职工医保与养老保险的参保人数对比

市　　别	城镇职工基本养老保险参保人数/人	城镇职工基本医疗保险参保人数/人	职工医疗保险参保人数占职工养老保险参保人数的比重/%
广州	8 204 077	8 441 958	102.90
深圳	12 685 530	13 029 297	102.71
珠海	1 468 847	1 450 743	98.77
佛山	4 105 894	3 623 460	88.25
惠州	1997 021	1 831 716	91.72
东莞	5 909 491	6 311 931	106.81
中山	2 368 308	2 940 535	124.16
江门	1 533 482	1 471 799	95.98
肇庆	803 263	786 789	97.95
大湾区城市均值	4 341 768	4 432 025	102.08
汕头	990 087	599 127	60.51
韶关	735 212	639 999	87.05
河源	527 736	380 996	72.19
梅州	1 009 300	527 117	52.23
汕尾	312 244	330 088	105.71
阳江	420 441	329 187	78.30
湛江	1 045 987	828 992	79.25
茂名	812 084	550 691	67.81
清远	850 066	706 985	83.17
潮州	488 496	399 853	81.85
揭阳	622 156	310 112	49.84
云浮	361 700	290 000	80.18
非大湾区城市均值	681 292	491 096	72.08

资料来源：《广东社会统计年鉴 2021》。

从两类区域的各市具体数据来看，大湾区城市中有近一半的比重大于100%，占比最低的佛山市也在 80% 以上；而非大湾区城市中只有汕尾市的比重超过 100%，最低的揭阳市比重甚至仅为 49.84%。

理论上，参加城镇职工养老保险的群体均应参加城镇职工医疗保险。因此，非大湾区城市存在较多"职工仅参加职工养老保险，未参加职工医疗保险"的情况。也就是说,非大湾区城市职工未完全参加职工医保的程度远高于大湾区城市。"应参未尽参"导致非大湾区城市职工医保的参保人数远少于大湾区城市。从保险所遵循的大数法则出发,非大湾区城市的职工医保基金在风险分担上所面临的压力远大于大湾区城市。

就业人数减职工医保参保人数等于应参加而未参加职工医保的职工人数。若非就业人数减居民医保参保人数所得为负数,则代表存在职工参加居民医保的情况。该负数的绝对值,即溢出部分则为参加居民医保的职工人数。

如表 85 所示,最右列指标中,非大湾区城市都为负数且均值高达－165.46,与大湾区城市均值的差距高达 264.3,两者差距是大湾区城市均值(98.84)的近 3 倍。因此,非大湾区所有城市均存在大量非居民参加居民医保。对比大湾区城市指标,发现非大湾区城市应参加职工医保而未参加的人数,与居民医保的职工人数溢出部分明显成互补关系。说明非大湾区城市大量未参加职工医保的职工去参加了居民医保。因此,这种选择性参保的行为形成了对非大湾区城市职工医保参保率的挤压效应,进一步加大了非大湾区城市职工医保参保率与大湾区城市的差距。

表 85　2020 年广东省各市职工医保与居民医保的参保人数对比

单位:万人

市　　别	城乡居民基本医疗保险参保人数	就业人员人数	非就业人员人数	就业人数－城镇职工基本医疗保险参保人数	非就业人数－城乡居民基本医疗保险参保人数
广州	503.94	1 155.40	712.26	311.20	208.32
深圳	305.63	1 300.67	455.33	－2.26	149.71
珠海	68.24	164.97	78.98	19.90	10.75
佛山	234.10	540.05	409.83	177.71	175.73
惠州	252.62	325.39	278.89	142.22	26.27
东莞	—	720.59	326.08	89.39	326.08
中山	—	242.91	198.90	－51.15	198.90
江门	248.43	276.86	202.95	129.68	－45.48
肇庆	336.27	235.85	175.51	157.17	－160.76
大湾区城市均值	278.46	551.41	315.42	108.21	98.84
汕头	441.85	253.46	296.75	193.54	－145.11
韶关	235.37	136.35	149.16	72.35	－86.21

（续）

市　　别	城乡居民基本医疗保险参保人数	就业人员人数	非就业人员人数	就业人数－城镇职工基本医疗保险参保人数	非就业人数－城乡居民基本医疗保险参保人数
河源	270.04	145.66	138.11	107.56	−131.93
梅州	406.07	171.11	216.21	118.40	−189.86
汕尾	261.25	129.89	137.39	96.88	−123.86
阳江	241.06	114.06	146.24	81.14	−94.82
湛江	641.18	398.97	299.15	316.07	−342.03
茂名	611.56	328.69	288.72	273.62	−322.84
清远	338.78	204.75	192.20	134.05	−146.59
潮州	226.32	110.78	146.06	70.79	−80.26
揭阳	553.08	201.29	356.49	170.28	−196.59
云浮	237.52	126.25	112.09	97.25	−125.43
非大湾区城市均值	372.01	193.44	206.55	144.33	−165.46

资料来源：《广东省统计年鉴2021》《广东社会统计年鉴2021》。

5.3.2　缴费与待遇的短期差距诱导职工选择性参保

此部分分析建立在人们所作出的整体选择受短期利益影响更大的前提之下。在不考虑退休后的长远利益，仅从当下年度的短期利益来看待两类医保，人均报销与人均缴费比值越大的保险，越能调动人们的参保积极性。

如表86所示，横向对比2020年职工医保和居民医保的短期差距，可以发现大湾区城市均值分别为9.05％和20.14％，两者仅相差11.09个百分点；非大湾区城市则分别为31.37％和7.02％，两者相差了高达24.35个百分点。说明大湾区城市的两类保险待遇更为平衡，非大湾区城市的更为悬殊。因此，非大湾区城市职工受短期待遇差距影响而选择性参加居民医保可能性非常大。

表86　广东省2020年各市两类医保基金缴费与待遇的短期差距

单位：％

市　　别	城镇职工基本医疗保险短期差距	城乡居民基本医疗保险短期差距
广州	17.32	35.14
深圳	38.60	29.63

（续）

市　别	城镇职工基本医疗保险短期差距	城乡居民基本医疗保险短期差距
珠海	−20.74	—
佛山	19.30	—
惠州	−0.70	2.26
东莞	−12.72	—
中山	2.02	—
江门	7.08	14.76
肇庆	2.98	1.07
大湾区城市均值	9.05	20.14
汕头	39.04	24.25
韶关	30.20	0.06
河源	35.35	3.09
梅州	55.00	−0.69
汕尾	21.02	11.72
阳江	32.55	12.85
湛江	24.65	16.05
茂名	29.62	7.00
清远	17.99	−1.64
潮州	24.93	11.80
揭阳	53.14	4.33
云浮	29.08	−17.28
非大湾区城市均值	31.37	7.02

资料来源：《广东社会统计年鉴 2021》。

注：短期差距＝1−（人均报销/人均缴费）×100%。

纵向对比 2020 年大湾区城市与非大湾区城市的职工医保短期差距，发现非大湾区城市的短期差距超过大湾区城市的 3 倍。意味着非大湾区城市该年度职工医保的实际待遇低于大湾区城市。

5.3.3　非大湾区各城市人口老龄化的程度更为严重

"老年型人口"是指在一个国家或地区中，60 岁及以上人口数占比达到或高于总人口数量 10% 的人口结构。如表 87 所示，大湾区城市 60 岁及以上人口占总人口的比例均值仅为 9.53%，而非大湾区城市则高达 16.93%。从两类区域各自具体城市数据来看，非大湾区城市所有城市的老年人口占比都超过10%，而大湾区城市仍有近半数城市未超过 10%。说明非大湾区城市人口老龄化程度高于大湾区城市。

表 87　广东省 2020 年各市 60 岁及以上人口及其占比情况

单位：人，%

市　别	总人口	60 岁及以上人口	60 岁及以上人口占总人口的比例
广州	18 676 605	2 130 598	11.41
深圳	17 560 061	940 716	5.36
珠海	2 439 585	244 013	10
佛山	9 498 863	999 640	10.52
惠州	6 042 852	607 392	10.05
东莞	10 466 625	572 625	5.47
中山	4 418 060	391 780	8.87
江门	4 798 090	876 307	18.26
肇庆	4 113 594	674 969	16.41
大湾区城市均值	8 668 259	826 449	9.53
汕头	5 502 031	853 635	15.52
韶关	2 855 131	524 712	18.38
河源	2 837 686	467 242	16.47
梅州	3 873 239	776 276	20.04
汕尾	2 672 819	398 785	14.92
阳江	2 602 959	442 276	16.99
湛江	6 981 236	1 171 973	16.79
茂名	6 174 050	1 037 284	16.8
清远	3 969 473	648 279	16.33
潮州	2 568 387	492 311	19.17
揭阳	5 577 814	898 631	16.11
云浮	2 383 350	415 622	17.44
非大湾区城市均值	3 999 848	677 252	16.93

资料来源：《广东省统计年鉴 2021》。

　　如表 88 所示，大湾区城市的在职退休比均值为 8.67，而非大湾区城市仅为 1.36。从两类区域各自具体城市数据来看，大湾区所有城市都高于 2.5 且最高达到 26.86，而非大湾区城市的除清远外，所有城市都低于 2.5，且最低的梅州市仅为 0.47。这意味着在非大湾区的大部分城市中，每一位退休人员的医保医疗费用支出仅由不到 3 名在职职工分担，其中梅州市和揭阳市甚至是不到 1 人。因此，在老龄化程度更为严重的非大湾区城市，在职职工对离退休人员医保费用的补贴负担更重，职保基金的支出压力更大。

表 88　广东省 2020 年各市城镇职工基本医疗保险与离退休人员的补贴情况

市　　别	城镇职工基本医疗保险参保人数/人	城镇职工基本养老保险离退休人数/人	在职退休比/%
广州	8 441 958	1 208 148	5.99
深圳	13 029 297	467 734	26.86
珠海	1 450 743	168 689	7.60
佛山	3 623 460	692 885	4.23
惠州	1 831 716	173 044	9.59
东莞	6 311 931	437 987	13.41
中山	2 940 535	367 066	7.01
江门	1 471 799	409 452	2.59
肇庆	786 789	201 010	2.91
大湾区城市均值	4 432 025	458 446	8.67
汕头	599 127	298 233	1.01
韶关	639 999	226 008	1.83
河源	380 996	113 630	2.35
梅州	527 117	358 778	0.47
汕尾	330 088	102 278	2.23
阳江	329 187	107 719	2.06
湛江	828 992	394 418	1.10
茂名	550 691	252 857	1.18
清远	706 985	181 984	2.88
潮州	399 853	184 462	1.17
揭阳	310 112	185 101	0.68
云浮	290 000	88 655	2.27
非大湾区城市均值	491 096	207 844	1.36

资料来源：《广东省统计年鉴 2021》。

注：在职退休比的计算公式＝(城镇职工基本医疗保险参保人数－城镇职工基本养老保险离退休人数)/城镇职工基本养老保险离退休人数。

另外，从整理的资料中可明显发现非大湾区城市职工医保基金累计结余率和可支付月数都远少于大湾区城市，目前基金本身所面临的支出压力就比较大。但未来随着人口老龄化程度的不断加剧，享受医疗保险待遇的离退休人员人数继续刚性增长，将导致职工医保的缴费基数不得不维持在较高的水平上。然而，若缴费基数的刚性增长与当地工资收入水平增长不相匹配，则更易加重企业与职工的医保缴费负担，对企业的持续经营产生负面影响，激化劳资矛盾，最终降低职工医保的参保率，形成不利于非大湾区城市职工医保基金可持续性发展的恶性循环。

6　总结与建议

第一，制度设计层面对比。非大湾区城市囿于自身条件的限制，在财政支持不足和经济实力较差的情况下，其城镇职工基本医疗保险制度的设计呈现出相对保守且趋同性强的特征，普遍采取较为传统的职工医保和居民医保分而立之，各自设账，分别管理的方式。大湾区大多数城市则充分发挥自身优势进行积极变革与创新，如中山、东莞等都在改革探索基本医疗保险一体化，在宏观架构和微观细节上都形成了不少值得推广的先进经验。

第二，基金数据层面对比。非大湾区城市职工医保参保人数占基本医保的比重远低于大湾区城市，职工医保基金收入增速和人均缴费标准都高于大湾区城市；支出规模上，非大湾区城市职工医保基金支出增速和人均支出小于大湾区城市，反映基金偿付能力和可持续性的当期结余率、累计结余率、结余增速、可支付月数都远低于大湾区城市。因此两类区域职工医保基金现状呈现如下特点，非大湾区城市"参保少、缴费多、报销少、可持续性差、压力大"，大湾区城市"参保多、缴费少、报销多、可持续性强，压力小"。

第三，非大湾区城市医保支出压力的原因分析。非大湾区城市职工医保基金面临更大的支出压力，原因在于：①非大湾区较多职工未完全参加职工医保。非大湾区城市职工医保参保人数与养老保险参保人数的比值，较大湾区城市低约 30 个百分点。非大湾区"应参未参"缺口均值比大湾区多近 36 万人。非大湾区未参加职工医保人数与居民医保溢出的参保人数存在明显的互补关系，较大湾区存在近 3 倍挤压差距。②缴费与待遇标准的短期差距导致职工选择性参保。非大湾区两类基本医保缴费与待遇标准的短期差距是大湾区的 2 倍以上。③非大湾区城市人口老龄化的程度更为严重。非大湾区城市60 岁及以上的人口占比均值高出大湾区 7.4 个百分点，在非大湾区城市中平均每一位退休人员的医保医疗费用支出仅由不 2 名在职职工进行分担，大湾区则达到 8 名。

6.1 落实依法依规分类参保

我国《社会保险法》规定，保证符合相关规定的职工群体依法参加职工医保，其余人员参加居民医保。但由于医保运行监督机制对参保流程的职责缺位，使得非大湾区城市职工医保参保挤压流向居民医保的特征显著。存在不少应依法参加职工医保的群体，因缴费与待遇标准短期差距的利益诱导而选择参加居民医保。"应参未尽参"导致非大湾区城市职工医保的参保人数远少于大湾区城市。因此，强化医保参保的法制监督机制，准确核实两类医保的参保对象，落实依法依规分类参保，是维护广东省医保体系健康运转和保证医保基金可持续性的重要基础。

6.2 平衡两类医保的压力差

2020年《关于深化医疗保障制度改革的意见》中强调要完善筹资分担和调整机制，建立更为完备的基本医保基准费率制：从政策上规范缴费基数，科学设置费率并合理动态调整。

从两类医保制度设计来看，居民医保是按年征缴，职工医保是按月征缴，短期内的缴费压力往往会比居民医保更大；从两类医保整体数据来看，非大湾区城市的职工医保缴费基数与居民医保差距比大湾区城市的更为悬殊，选择性参保的情况更普遍。

非大湾区城市更应该切实考虑经济水平和年龄人口比等相关因素来动态确定职工缴费基数，降低职工医保的缴费压力，平衡两类医保的缴费压力差，从根源上避免职工医保参保人选择性参加居民医保。

6.3 优化医保数据披露机制

在搜寻广东省各城市职工医保的政策信息与基金数据的过程中，笔者发现各城市信息公开和数据披露的完整度、时效性均与其制度运行的情况具有显著相关关系。信息公开与数据披露工作做得越好的城市，其职工医保制度运行也相对顺畅，有利于形成良性的发展循环。但非大湾区的一些城市，仍存在政策办法的公开滞后，数据不完整或无市级公开记录的情况。

这不利于接收公众监督，征求学界意见，不利于深化改革时期的医疗保障制度的长期稳定发展。特别是在当前医疗保险基金运行尚处于市级统筹的层次，省级与市级医疗保险运行数据披露机制未形成。因此，建议省级与市级医保局完善数据披露机制，加强医疗保险运行的动态记录与统计。更加合理界定一般公共预算与社会保险基金预算两者之间的关系并加强衔接。兼顾政策信息公开和运行数据披露的准确性和时效性。

6.4 逐步提高基金统筹层次

广东省职工医保基金的整体情况在全国范围内较好，但大湾区城市和非大湾区城市的区域差异显著，两极分化严重。探索广东省内的区域间调剂机制，能够有效缓解非大湾区城市职工医保基金支出压力，有利于逐步提高医保统筹层次，对平衡区域间经济社会发展，推进共同富裕具有积极影响。

6.5 加大劳动力回流吸引力

非大湾区城市的人口结构，受本身老龄化趋势和大湾区城市虹吸效应的夹击影响，面临着更为严峻的形势。在大湾区城市经济社会高速发展的同时，非大湾区城市要结合本身产业特色和资源优势，完善积极的就业政策和配套设施，尽可能加大对劳动力回流吸引力，从而在一定程度上优化人口结构，缓解在职退休比低的窘境，保障职工医保基金的健康可持续发展。

―――――――――――― 参 考 文 献 ――――――――――――

何平平，2006. 经济增长、人口老龄化与医疗费用增长：中国数据的计量分析 [J]. 财经理论与实践（2）：90 - 94.

胡鹏，2015. 城镇职工基本医疗保险收支平衡测算及发展策略：以大连市为例 [J]. 东北财经大学学报（6）：41 - 45.

蓝英，夏晓红，2021. 城镇职工医疗保险基金收支平衡及可持续发展研究：以四川省为例 [J]. 卫生软科学，35（9）：30 - 34.

李常印，郝春彭，李静湖，等，2012. 基本医疗保险基金结余及动态平衡 [J]. 中国医疗保险（6）：35 - 38.

李红浪，李丽清，卢祖洵，2016. 人口老龄化对卫生费用的影响及作用机理分析 [J]. 江西社会科学，36（1）：185 - 189.

李红艳，魏倩如，2021. 城镇职工基本医疗保险缴费比例研究 [J]. 医学与社会，34（11）：106 - 112.

李昕梦，2018. 论基本医疗保障体系一体化趋势下弱化个人账户问题 [J]. 财经界（21）：128 - 131.

刘思佳，霍洪军，2019. 内蒙古自治区城镇职工基本医疗保险统筹基金收支预测研究 [J]. 中国卫生经济，38（11）：34 - 36.

刘宇熹，吴敏珍，2014. 城镇职工医保省级统筹可行性评价体系构建：以广东省为例 [J]. 安徽行政学院学报，5（3）：49 - 58.

罗佳莹，吴彬，罗仁夏，2019. 福建省城镇职工医保基金省级统筹模型实证研究 [J]. 中国卫生经济，38（10）：27 - 29.

潘琳，杨世雅，齐新业，等，2021. 城镇职工医疗保险制度运行效果评价 [J]. 中国公共卫生，37（2）：303-306.

孙翎，迟嘉昱，2021. 城镇职工医疗保险制度的"系统老龄化风险"测算［J］. 统计与决策，37（4）：142-146.

同梦娜，范秋砚，2020. 城镇职工医疗保险基金运营"收不抵支"风险及应对策略：基于2010—2014年度统计数据的分析［J］. 保险职业学院学报，34（1）：79-84.

王超群，2014. 老龄化是卫生费用增长的决定性因素吗？［J］. 人口与经济（3）：23-30.

徐长生，张泽栋，2015. 城镇化、老龄化及经济发展对我国医疗费用影响回归分析［J］. 中国卫生经济，34（6）：54-55.

杨燕绥，张丹，李乐乐，2016. 公共政策视角的老龄化对医疗费用影响及对策：议"未老先衰"问题及改善［J］. 中国卫生经济，35（12）：5-10.

张嘉佳，张伟，李荣欣，2018. 城镇职工基本医疗保险支付政策 SWOT 分析［J］. 现代医院管理，16（3）：31-35.

赵玮，2021. 城镇职工医疗保险运行中存在的问题与对策研究［J］. 中国集体经济（12）：167-168.

CARRIN G，EVANS D，XU K，2007. Designing health financing policy towards universal coverage ［J］. Bulletin of the World Health Organization，85（9）.

LIU J Q，CHEN T，2013. Sleeping money：investigating the huge surpluses of social health insurance in China ［J］. International journal of health care finance and economics，13（3-4）.

PALANGKARAYA A，YONG J，2009. Population ageing and its implications on aggregate health care demand：empirical evidence from 22 OECD countries ［J］. International journal of health care finance and economics，9（4）.

广东省阳山县农村留守儿童社会
福利政策执行问题研究

郑佩佩　张开云

1　绪论

1.1　研究背景与研究意义

1.1.1　研究背景

　　国家的工业化、城镇化、现代化发展导致农村劳动力流向城市，迫于经济状况以及子女受限于户籍而无法在大城市完成小学、初中、高中教育问题，孩子们被留在家乡，由祖辈进行照顾，成为留守儿童。民政部调查显示，2020年全国农村留守儿童约643.6万名，与2016年相比，减少260.4万人。近年来留守儿童人数的减少，得益于党中央鼓励年轻人返乡创业就业，得益于随迁子女就地入学、就业扶贫等政策的推动。但是在政策执行过程中，出现政府监管不力，九年义务教育难以保证；家庭疏于照顾，留守儿童身体健康和人身安全受到影响等种种问题。《中国儿童发展纲要（2011—2020年）》明确提出"建成覆盖城乡的基本公共教育服务体系，建立健全留守儿童关爱服务体系和动态监测机制"。在教育环境、生活条件的改善以及精神慰藉的提供方面，农村留守儿童都受到了政府以及社会组织的关爱。对于农村地区而言，关注留守儿童的健康发展、完善福利机制建设、提升教育福利水平是政府工作的重点。对农村留守儿童社会福利政策执行情况的关注，是满足农村留守儿童的福利需求以及解决儿童社会福利短缺这一现实的根本回应。

1.1.2　研究意义

1.1.2.1　理论意义

　　在城镇化和农业现代化的进程中，留守儿童的生活、教育、安全等问题越来越突出，从2004年开始，关于留守儿童的研究文献数量呈现快速增长的趋势，研究的角度也随之增多，主要集中在以下几个方面：我国农村留守儿童的形成原因分析、留守儿童的社会支持、留守儿童的教育问题、留守儿童的心理问题以及留守儿童权利保护等。儿童福利是社会福利保障体系的重要组成部分。在现有成果中，从福利保障角度来看，对农村留守儿童福利政策执行状况研究较少，针对不同地区留守儿童的每一次深入调查研究，都可能成为解决留守儿童问题的一把钥匙，而任何对于农村留守儿童福利问题解决的有效措施，都将为农村留守儿童打开一扇通往幸福的大门。因而，本文对广东省阳山县农村留守儿童福利水平的提高将具备一定的理论意义。

1.1.2.2 现实意义

儿童是社会生活中的弱势群体，与城市儿童相比，农村留守儿童所能得到的资源远远不足，对此，社会更应提供和创造有助于儿童发展的条件，使他们能够健康快乐成长。除此之外，农村留守儿童是村民的组成部分，有效解决农村留守儿童福利问题，一定程度上可以缓解农村的社会矛盾，减少农村的不稳定因素，以此来推进社会主义新农村的建设。

留守儿童的福利问题应该成为社会福利研究领域重点关注和解决的问题，尤其是农村的留守儿童，数量规模比较庞大，由于长时间缺乏父母的照顾，以及家庭教育的匮乏，大部分的留守儿童在身心健康等方面存在诸多问题。因此，从农村留守儿童福利政策执行过程中产生的问题及原因分析出发，以社会福利的视角，对广东省阳山县农村留守儿童的福利制度执行情况进行探讨，并给出相应的建议，有利于推进在更大范围内提高我国留守儿童福利水平。

1.2 文献综述

对留守儿童问题的研究兴起于 2004 年，2010 年特别是 2016 年之后，学界对农村留守儿童的研究越来越多。研究主要集中于儿童的心理健康、身体健康、社会福利等方面，较少涉及农村留守儿童福利政策研究或政策执行研究。本文将以儿童福利政策执行现状及存在的问题、农村留守儿童福利政策执行优化对策相关主题的文献作为参考。

1.2.1 农村留守儿童福利政策执行现状及存在问题相关研究

基于目前对农村留守儿童福利政策的研究，与其他政策类似，也存在着政策执行的问题。陈振明（2003）指出公共政策执行是指政策执行者通过建立组织机构，运用各种政策资源，开展解释、宣传、实验、实施、协调与监控等各种行动，将政策以观念形态存在的内容转化为实际效果，从而实现既定政策目标的活动过程。受各种因素的影响，政策执行过程往往会产生偏差。政策执行偏差产生的原因可以从以下四个方面考察：政策本身缺陷、政策执行的制度环境、执行主体的行为选择、社会文化环境（张子钰，2018）。

从儿童福利政策来看，陆士桢（2016）认为虽然我国在"十二五"期间福利政策在扩展、立法、实践方面取得了积极的成果，但是我国儿童福利领域存在观念普及率低、法律政策体系不健全、服务运行体系欠缺等问题。孙艳艳（2013）、曾繁昌（2017）对儿童福利政策的制定持有一致的观点，即政策体系要从社会福利提供者的角度建构，而不是从儿童面临的主要问题和基本需求出发，并指出我国儿童福利政策落实不到位，政策缺乏合理性，在政策内容上没有考虑到儿童的利益诉求。

从执行主体来看，政府、社会和家庭都是儿童福利政策的相关执行主体。陆士桢（2016）认为，我国针对儿童福利的财政投入过低，阻碍了儿童事业的发展。陈家建等（2013）提出政策执行是一个相互博弈的过程，在这个过程中，如果实施牺牲了原有目标而达成妥协的执行方案，将导致政策执行出现偏差。于菲（2015）认为，我国儿童福利政策执行效率低，尚未形成系统的儿童福利政策体系，原则性话语太多，可操作性不强。

1.2.2 农村留守儿童福利政策执行优化建议相关研究

农村留守儿童福利政策执行需要多方协作，其执行主体包括政府及各职能部门、社会群体组织、基层社区、家庭、学校等。吴锦雯（2016）认为，政府是社会支持的官方机构，应带头整合非正式组织的资源，积极参与留守儿童的工作中去。

张莹（2020）则从家庭教育的福利支持出发，提出应积极引入市场机制，构建多元主体协同参与、适度普惠型的福利支持体系。夏蓓蕾等（2020）以积极福利思想为指导，提出通过"事后补救"和"事前预防"加强政策性质互补，突出"需求导向"来促使政策理念转型，规范各执行模式，明确各执行主体的问责机制，并健全政策监督机制。杨立雄（2019）认为各地留守儿童关爱保护措施依旧存在重堵轻疏的问题，即过度关注留守儿童本身，而忽视了生活社区的影响；过度强调政府和学校，忽视了监护人的监护责任；强调农村发展，而忽视了城市接纳。这一观点对我国解决农村留守儿童问题，提供了新的政策调整路径，即强化乡村治理、强化家庭责任、强化城乡统筹，建立城乡一体化的儿童福利体系。在新型城镇化背景下，杨舸（2015）认为应该以满足流动人口的基本公共需求作为制定相关政策的基本出发点，构建社会支持网络帮助流动人口履行对子女的监护责任，以儿童优先原则推动和保障儿童的城镇化和市民化。陈淑华（2008）、张春爱（2014）、邵思齐（2017）根据农村留守儿童现象的成因出发，提出改革户籍制度，解决随迁问题，从源头上减少农村留守儿童数量。并且在法律方面，提出应该尽快制定和完善留守儿童权益保护的法律法规。

1.2.3 简要评述

国内学者从多学科出发研究农村留守儿童问题，累积了丰富的成果。国内的儿童福利政策建设起步较晚，发展较慢，与发达国家存在一定的差距。目前国内的儿童福利政策尚处于建设初期，还未成熟，缺乏全面统一的与儿童福利相关的法律法规，大多面向全体儿童，缺乏针对性，单纯针对留守儿童的福利政策更是少之又少。虽然有很多关于儿童的福利措施和政策的倡导，但是政策落实不到位，尤其是在偏远的山区，农村的儿童福利水平依然较为落后，需要政府和社会给予帮助和支持。

1.3 研究目标、内容与方法

1.3.1 研究目标

通过对广东省、清远市、阳山县各级农村留守儿童政策的梳理，分析阳山县对省、市以及本县相关政策的执行现状，分析其存在的问题以及问题产生的原因，进而提出优化建议，使阳山县农村留守儿童福利政策有效执行，农村留守儿童得到健康发展。

1.3.2 研究内容

第一，对中外有关研究儿童福利的文献进行阅读整理，简述福利保障相关理论，并简要回顾中国儿童福利相关政策，为农村留守儿童福利政策建设提供理论基础。

第二，对留守儿童的相关概念进行界定，通过调查问卷了解他们的基本情况。研究农村儿童社会福利相关政策，对阳山县农村留守儿童政策执行现状进行分析。

第三，根据现状从史密斯过程模型出发，找出阳山县农村留守儿童社会福利政策在执行过程中出现的问题，并提出相应的对策建议。

1.3.3 研究方法

第一，文献研究法。查阅国内外文献研究资料，包括期刊、学术专著、学术论文、国家颁布的政策等，借鉴前人的经验，参考前人的方法与观点，整理出研究内容。

第二，问卷调查法。根据需要，对阳山县农村留守儿童进行问卷调查。筛选出有效问卷进行分析研究，总结阳山县农村留守儿童基本情况、父母外出情况、监护人情况等现状，梳理出阳山县农村留守儿童福利政策执行过程中出现的问题及原因，并提出建议，以期推动阳山县农村留守儿童福利政策有效执行。

2 概念界定和理论基础

2.1 相关概念

2.1.1 留守儿童

留守儿童是指父母双方或有一方外出务工，受多种因素限制无法将子女带在身边抚养而将其留在家乡并和其他监护人共同生活的儿童。对于这一概念，目前学术界尚未得出统一的定论，主要存在以下三个方面的争议：第一是对于留守儿童年龄的界定，第二是对留守时间的界定，第三是关于父母外出是单方还是双方的界定。

根据 2016 年第 6 号国务院公报，即《国务院关于加强农村留守儿童关爱保护工作的意见》，留守儿童一般是指父母双方外出务工或一方外出务工另一方无监护能力，不满十六周岁的未成年人。

本文所指的留守儿童为学龄儿童，年龄为 6～14 周岁，父母一方或双方外出务工半年以上，户籍所在地为农村的儿童。

2.1.2 儿童福利政策

儿童福利有广义和狭义之分。狭义的儿童福利是指对于处在困境中的儿童给予精神上或者是物质上的服务和救助，主要群体有孤儿、残疾儿童、单亲儿童、流浪儿童、留守儿童等，福利功能是救助、治疗、帮助和关心等恢复性功能，主要目的是满足困境儿童的基本生活需要。广义的儿童福利是指以促进儿童全面发展为目标，惠及所有儿童，由政府和社会提供的所有措施和服务，具有发展性、普遍性和社会性。

儿童福利政策是从谋求儿童幸福、促进儿童身心健康发展的目的出发，由政府机构所制定的相关法律、行政法规等规范性文件。其形式表现为意见、通知、方案等，内容较为抽象，以指导性、原则性等方针、政策文件为主，目前较少涉及具体措施。

2.1.3 政策执行

政策执行是指在政策完成设计与制定之后，由各部门行政人员，将政策内容转变成实际行动的过程。在这个过程中，通过实际执行情况，对政策内容进行相应调整，进而不断完善政策内容。农村留守儿童福利政策执行是指政府部门、家庭、社会、学校等对儿童福利政策的具体实施，以保证儿童能够在良好的环境中健康成长。

2.2 相关理论：史密斯政策执行过程模型

美国政治学家戴维·布莱曼·史密斯将一种政策的执行划分为四个方面：理想化的政策本身、执行机构、政策针对对象以及外部环境，这四者相互作用，构成政策执行的影响因素。在政策实施的阶段，其效果同样也受到以下因素的制约：政策所覆盖的范围；政策执行机构以及执行机构的人员素质结构等；目标群体自身的因素，例如目标群体服从组织安排的程度、接受组织领导的意愿以及自身的受教育水平等；政策环境，包括政治环境、社会环境、经济环境、文化环境、自然环境等[①]。

根据史密斯的观点，在一项政策制定完成并被公之于众后，影响政策执行的四个因素会相互作用，形成一张紧密的关系网络。要使政策顺利执行，必须

---

① 陈振明：《公共政策分析导论》，中国人民大学出版社，2015

及时处理这一种紧张关系。如果在处理时发生问题，可立即得到反馈；如果处理时没有发生问题，就可以直接进行建制（图1）。

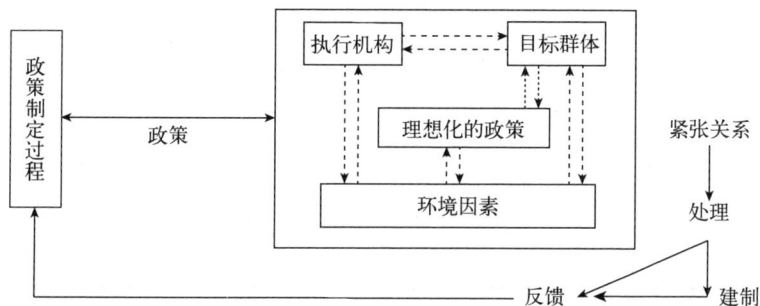

图 1　史密斯模型

3　广东省阳山县农村留守儿童福利政策执行现状

3.1　农村留守儿童相关情况

阳山县位于广东省粤北地区，是国家级贫困县之一，阳山县由于区位原因，几十年都处于贫困状态。

根据清远市民政局统计，截至 2021 年 4 月，阳山县有 1 935 名农村留守儿童。本次调查采取非随机抽样的方法，从阳山县抽取 128 名农村留守儿童，问卷发放 128 份，有效回收 128 份，回收率 100%，问卷采取无记名方式，并运用 Spss17.0 对数据进行系统分析。

3.1.1　儿童基本情况

在本次问卷调查中，男孩 67 名，占总数 52.34%，女孩 61 名，占总数 47.66%。其中认为自己性格开朗的占比 32.8%，还不到一半，这部分儿童，他们的学习成绩会更好，兴趣爱好也较为广泛。由于父母长期不在身边，部分留守儿童会存在一些不良的性格倾向如任性、暴躁等，该情况占比达到了 33.6%。

根据调查结果，对其愿意倾诉的对象及其性格进行交叉分析，发现性格开朗的儿童更倾向于对父母亲以及监护人倾诉，性格暴躁的儿童不想对任何人倾诉的占比明显高于其他性格类型的儿童（表1）。

表 1　留守儿童性格、愿意倾诉的对象情况

单位：%

性格类型	父亲或母亲	监护人	老师	朋友	不想对任何人倾诉	合计
开朗	18.8	3.1	0	9.4	1.6	32.8

（续）

性格类型	父亲或母亲	监护人	老师	朋友	不想对任何人倾诉	合计
内向	10.2	0.8	1.6	9.4	3.9	25.8
任性	3.9	2.3	0	0.8	3.1	10.2
暴躁	7.0	0	0	7.0	9.4	23.4
柔弱	3.1	0.8	0	0.8	0.8	5.5
其他	0	0	0	0.8	1.6	2.3
合计	43.0	7.0	1.6	28.1	20.3	100.0

3.1.2 父母外出务工情况

根据调查结果，阳山县留守儿童父母外出务工情况如表 2 所示。从表中可以看出，父亲是大多数家庭的经济支柱，父亲单独外出务工占比达到了 56.3%，父母亲双方外出也达到了 34.4%。父母外出务工时间不少于一年的比例达到了 68.7%，有 41.4% 的父母半年回来一次，有 49.2% 的留守儿童一年才能见父母一次。在调查中发现，只有在特殊的节假日尤其是春节时，父母亲才有条件回家。

表 2 留守儿童父母外出务工情况

类别	情况	频数	占比
父母外出务工情况	父亲单独外出务工	72	56.3%
	母亲单独外出务工	12	9.4%
	父母亲均外出务工	44	34.4%
父母外出务工时间	半年至一年（不含一年）	40	31.3%
	一年至三年（不含三年）	53	41.4%
	三年以上	35	27.3%
多久回家一次	半年	53	41.4%
	一年	63	49.2%
	两年	9	7.0%
	两年以上	3	2.3%

父母长期不在家，只能通过电话或音视频联系。在与父母沟通的内容中，聊得比较多的前三项分别是道德品质、身体健康状况以及饮食情况，分别占比 46.9%、40.6%、36.7%。父母对留守儿童关注度相对较低的事项是学习（表 3）。

表 3　电话或音视频联系涉及内容

类别	频数	占比
学习成绩	39	30.5%
安全	44	34.4%
饮食情况	47	36.7%
身体健康状况	52	40.6%
心理健康状况	45	35.2%
道德品质	60	46.9%
父母在外面工作的情况	46	35.9%

3.1.3　监护人情况

从表 4 中我们可以发现，对于留守儿童普遍存在着隔代监护的现象，有78.9%的儿童是由祖父母或外祖父母照顾的。在农村，这是非常普遍的现象，这多是受传统家庭观念的影响，认为长辈负有替儿女照顾孩子的职责。在部分家庭中，由于祖父母或外祖母逝世或身体不好，有的家长会将孩子托付给亲戚，甚至有的儿童需要独自居住，独自居住儿童的占比达到了 5.5%。从监护人的年龄来看，60.2%的监护人年龄超过 55 周岁，年龄在 41～55 周岁达35.2%。由于年龄较大，监护人的精力以及体力都不足以照顾好留守儿童。监护人的受教育水平普遍偏低，小学及以下文化程度的占比高达 88.3%，这对儿童的学业会造成一定的影响，相比生活在父母身边，并且父母具有一定文化水平的孩子，农村留守儿童的家庭教育确实处于劣势。

表 4　监护人情况

项　　目		频　　数	占比
监护人类别	祖父母	59	46.1%
	外祖父母	42	32.8%
	亲戚	20	15.6%
	独自居住	7	5.5%
监护人年龄	25～40 周岁	6	4.7%
	41～55 周岁	45	35.2%
	56～70 周岁	61	47.7%
	70 周岁以上	16	12.5%
监护人文化程度	文盲	66	51.6%
	小学	47	36.7%
	初中	15	11.7%

3.2 农村留守儿童政策实施现状

3.2.1 相关政策

2010 年颁布的《国家中长期教育改革和发展规划纲要（2010—2020 年)》提出将农村留守儿童作为一个单独的特殊群体被纳入关爱范围。近年来国务院、民政部、教育部、团中央等先后发布了相关的文件，对农村留守儿童的关爱保护工作给予重视，主要包括落实对留守儿童的关爱保护工作、加强相关福利体系建设、加强义务教育工作、倡导供给主体多元化以完善留守儿童的福利等，满足农村留守儿童在身体健康和心理社会服务层面的需求。清远市民政局根据国家和广东省民政厅下发的通知，在 2019 年向社会征集农村留守儿童关爱制度的意见后，于 2020 年印发《清远市关于健全农村留守儿童关爱保护和困境儿童保障工作体系建设的实施意见》（清民办〔2020〕34 号）。为了深入贯彻国家、省、市级文件精神，阳山县结合自身实际情况，于 2020 年 5 月 28日公布《阳山县民政局关爱保护未成年人工作实施方案》，标志着阳山县农村留守儿童的福利建设迈出了一大步。

2010 年以来，国务院、广东省、清远市均出台了各项政策保障农村留守儿童的社会福利，部分政策如表 5 所示：

表 5 农村留守儿童相关政策

部　门	文　件	主要内容
国务院	《国家中长期教育改革和发展规划纲要（2010—2020 年)》	建立健全政府主导、社会共同参与的农村留守儿童关爱服务和动态检测机制，加快农村寄宿制学校建设，优先满足留守儿童住宿需求； 农村留守儿童作为一个单独的特殊群体被纳入关爱范畴。
	《国务院关于印发中国妇女发展纲要和中国儿童发展纲要的通知》（国发〔2011〕24 号）	将基本满足留守儿童基本公共服务需求列入儿童发展的基本目标； 扩大儿童福利范围、扩大补助范围； 加强对留守儿童心理、情感和行为的指导，提高留守儿童家长的监护意识。
	《国务院办公厅关于印发国家贫困地区儿童发展规划（2014—2020 年）的通知》（国办发〔2014〕67 号）	强化父母和其他监护人的监护责任并提高其监护能力； 依托现有机构和设施，组织乡村干部和农村党员对留守儿童提供结对关爱服务。

（续）

部门	文件	主要内容
国务院	《国务院关于加强农村留守儿童关爱保护工作的意见》（国发〔2016〕13号）	落实县、乡镇人民政府责任，强化民政局等部门监督指导责任； 发挥村委会、社会组织、志愿者等的作用，在社会形成关爱留守儿童的良好氛围； 完善农村留守儿童关爱服务体系。
	《关于加强义务教育阶段农村留守儿童关爱和教育工作的意见》	保障留守儿童的教育资源，维护留守儿童上学权利不受侵害； 加强教育基础设施建设，提高留守儿童的受教育水平。
民政部	《关于在农村留守儿童关爱保护中发挥社会工作人才作用的指导意见》	发挥社会工作专业优势，回应农村留守儿童心理社会服务需求、促进农村留守儿童全面健康成长。
广东省民政厅、广东省机构编制委员会办公室、教育厅、公安厅、司法厅、财政厅、人力资源和社会保障厅、团委、妇联、残联十部门联合	《关于健全农村留守儿童关爱保护和困境儿童保障工作体系的意见》（粤民发〔2018〕145号）	健全农村留守儿童关爱保护基层工作队伍，选准配齐人员，指导乡镇、村委会为农村留守儿童提供关爱服务； 优化和调整支出结构，多渠道筹措资金； 加强对农村留守儿童关爱保护工作的督查，建立常态化监察考核机制； 加强宣传，引导全社会参与到关爱工作中来。
清远市民政局	《清远市关于健全农村留守儿童关爱保护和困境儿童保障工作体系建设的实施意见》（清民办〔2020〕34号）	健全农村留守儿童关爱保护和困境儿童保障基层工作队伍； 各县（市、区）要建立农村留守儿童关爱保护和困境儿童保障工作机构并配齐工作人员。
阳山县民政局	《阳山县民政局关爱保护未成年人工作实施方案》	构建学校、家庭、社会三位一体的工作网络； 完善未成年人关爱保护工作平台，开展未成年人关爱保护工作行动。
	《关于阳山县农村留守儿童"合力监护、相伴成长"关爱保护专项行动工作方案》（阳民发〔2019〕2号）	全面掌握农村留守儿童数量规模、分布区域、结构情况，及时了解农村留守儿童的生活状况等基本信息； 为提高关爱服务力量调配和资源整合效率提供基础数据支持，为农村重点帮扶留守儿童健康成长提供良好环境。

3.2.2 多部门主体协同推进政策实施

福利多元主义从提升社会成员的社会福利水平出发，强调由多方提供福利。对于留守儿童的福利问题，基于福利多元主义，这应该是由国家支持，通过社会和家庭参与而共同解决的问题。从政策上看，政府执行力度的强弱也主导了社会和家庭对儿童福利尤其是农村留守儿童福利的重视程度，进而影响农村留守儿童享受福利的多少。

阳山县农村留守儿童社会福利政策的实施主体主要涉及以下部门：县人民政府、县团委、县民政局、县教育局以及各乡镇村委会、志愿者协会、社会福利机构等。对于农村地区尤其是贫困地区留守儿童的照顾和保护，家庭、社会、政府必须一起发力，构建农村留守儿童关怀体系。在贯彻执行相关意见和办法的过程中，阳山县初步形成了以政府为主导、社会组织协作、家庭成员配合的运行机制，构建政府、社会、学校三位一体的工作网络，完善未成年人关爱保护工作平台。

政府层面，阳山县建立了对留守儿童的动态检测系统。对农村留守儿童的管理是一个动态管理过程，必须及时对数据进行更新，从而确保阳山县各乡镇留守儿童不漏查。因而阳山县各村委会工作人员每个月定期核定留守儿童数量，并如实将核定情况上报给民政局，以便及时对儿童开展关怀、保护等。除此之外，相关部门如县团委、县妇联、县关工委、志愿者协会等也会定期开展相应的活动慰问、关爱留守儿童。如 2020 年 1 月，团县委组织大学生志愿者开展了关爱农村留守儿童活动。大学生志愿者们走进乡村课堂与留守儿童交流，同时组织户外游园、文体拓展，让孩子们感受到成长的快乐。在资金方面，2019 年，政府拨付 7 612 万元用于农村寄宿制学校生均公用经费、农村义务教育阶段住宿生伙食费、建档立卡义务教育学生生活补助。

社会层面，近年来随着阳山县对口帮扶工作的完善及许多热心人士的积极宣传，阳山县贫困山区留守儿童尤其是在校读书的留守儿童成为重点关注对象，由此为留守儿童带来了大批的捐款和慰问物资，大大改善了留守儿童们的生活和学习环境。2017 年 12 月 14 日，羊城晚报报业集团和广东中烟工业有限责任公司联合发起"艺术关爱留守儿童"公益行动，在阳山县第一小学成立了第一所"留守儿童画院"。

学校层面，在校内，建立校内关爱机制。阳山县中小学为每一位留守儿童发放了电话卡，开设家长联系热线，在规定时间开放固定电话，让孩子每周与家长通话一次，老师每半月与家长联系一次，交流情况，掌握信息。除此之外，阳山县中心小学等学校都配备了心理教师，每周开设心理健康教育课，完善对留守儿童心理问题预防、预警、干预运行机制。在校外，通过社会资源，构建校外监护网络，成立"家庭教育工作指导委员会"，为监护人开设培训班，并聘请了1 170名校外辅导员充当留守孩子的代理家长。通过与省绿芽基金会的合作，形成了一张社会互动工作网络——以父母、亲属为主体的家庭监护网络，以基层党政组织为主体的关注管理网络，以教职员工为主体的学校帮扶网络，以群团组织和政法部门为主体的社会呵护网络。

3.2.3　目标群体状况

阳山县农村留守儿童福利政策的目标群体是父母亲一方或双方外出务工，外出时间半年以上，由祖辈或亲戚照顾的6～14周岁儿童。他们正处于对人生观、价值观、世界观初步感知的阶段，极其渴望得到别人的关注、认可、赞扬及爱意。在本该得到父母关怀的年龄段，父母却不在身边，这导致他们缺乏家庭温暖，易出现心理问题。

3.2.4　环境对政策执行产生的影响

近几年来，国家有效推进乡村振兴战略，阳山县脱贫攻坚初见成效。阳山县的扶贫项目分成综合保障、基础设施、产业、公共服务四大类，大部分项目由村委会负责，以帮扶单位自筹或申请财政资金作为筹款方式，在改善贫困户基本生产生活条件、增加农户收入、改善出行条件等方面取得较大成果。淮山药是阳山的特产农作物之一，阳山县在扶贫政策的指导下，结合自身优势，建立起了淮山药基地等扶贫项目，使本地淮山药有了更广阔销路，拉动了本地就业，促进了本地经济的增长。除此之外，阳山县结合不同村落的特点，打造美丽乡村，吸引了一批又一批的旅客，带动了旅游业的发展，带动当地农户创收。

脱贫攻坚的成效有目共睹，拉动了阳山经济的增长，一部分年轻人开始选择留在家乡发展，改善了留守儿童无父母陪伴在身旁的状况。

4　广东省阳山县农村留守儿童福利政策执行存在的问题

4.1　政策内容分析

4.1.1　政策覆盖面不够广

有关政策中提及要保证农村留守儿童的住宿、教育、心理基本需求，但是并未涉及卫生福利提供、活动场所搭建等内容。专门针对农村留守儿童的政策较少，在教育、生活、医疗等方面的政策细节不完善。

4.1.2　尚未建立长效机制

对农村留守儿童的管理是一个动态管理的过程，而解决农村留守儿童问题需要建立长效机制。宏观上，需要对日常管理制度进行制定与安排，对特殊情况以及突发状况设定统一执行标准，对农村留守儿童关爱经费的筹集和管理，要建立完整的关爱体系和执行机制。微观上，县级政府以及下级单位都需要对农村留守儿童关爱工作的内容和工作准则有明确认识，需要建立起激励机制以及奖惩机制以确保政策落实到位。而阳山县政府并无建立相关的细则，工作效率较低，提供关爱的方式也比较单一。由于缺乏长期的工作规划，政府部门人员对留守儿童具体情况摸底不清，对细节的问题也把握不准，无法将这些问题进行汇总而形成标准的管理方案，儿童福利问题长时间得不到解决，农村留守儿童的成长受到影响。

4.2 政策执行主体分析

农村留守儿童福利政策的执行是通过政府主导，社会、学校、家庭共同参与而完成的。在执行过程中，虽然每个主体在这一政策执行过程中的角色不同，但都是政策执行中不可或缺的一部分。每一个主体的参与度、能力都影响着政策执行的效果。

4.2.1 政府主体执行能力亟须加强

我国有关留守儿童关爱工作的政策文件主要是规范性文件，可操作性不强，因此工作进展比较缓慢，成效也不太明显。主要体现在：第一，执政人员的整体综合素质水平偏低。阳山县大部分村庄村委会工作人员学历都在初中以下，极少有大学生留在村里工作，许多村委会工作人员都不会基本的电脑操作。虽然部分人员工作积极性高，具备一定的办事能力，但总体来说，人员素质水平仍然偏低。第二，阳山县政府机构尚未形成严谨的结构，有时一个政府人员承担着多类工作，专业化程度不高。村委会在农村留守儿童福利政策执行方面缺乏专业指导，并不能针对留守儿童的情况给上级提供可行性的建议，难以提高农村留守儿童的福利保障水平。第三，在阳山县，各部门开展留守儿童福利保障工作的手段和方式单一，集中在救助方面。除此之外，参与农村留守儿童关爱工作的相关机构很少，可以说是几乎没有。本地志愿者会组织活动对留守儿童给予关爱和关心，外地社会组织也会捐款捐物，而本地社会组织几乎没有参与农村留守儿童的关怀中，更不用说对留守儿童在心理健康、文体活动、特长培养等方面提供针对性的服务了。

4.2.2 社会组织存在"过场式"慰问

从形式来看，当前大多数社会组织以开展活动、捐助物资等为主。热心人士关爱留守儿童的行为是值得宣传与发扬的，但与物质相比，留守儿童们更需要的是精神层次的关爱。社会组织应该将关注点更多地放在这一群体的心理成长上，比如多与他们沟通，了解他们心理状况，并对他们进行疏导。

4.2.3 家庭保障不全面

父母是孩子的第一任老师，家庭的关爱以及父母的亲情对孩子形成健全的人格具有非常大的影响。但是在城镇化进程中，农村家庭结构发生变化，年轻人外出务工，老人、孩子留在家乡。老年人教育水平不高，对孙辈的教育引导能力有限。同时，由于部分家庭负担较重，老人要干农活，孩子也要承担家务。在这样缺少父母关爱情况下成长的留守儿童，在物质和精神生活方面都难以得到悉心的照料。因此农村留守儿童容易形成孤僻、暴躁等负面性格。

在大多数留守儿童家庭中，孩子由祖父母或外祖父母照料。这部分监护人都是"60后"甚至是"50后"，他们对孩子的教育方式较为古板，观念陈旧，管理能力也有限，在孩子做错事时不能给予及时正确的引导，在学习上也不能对其进行辅导，导致监护人过分依赖学校。而农村地区教育资源本身稀缺，教师力量薄弱，这对儿童的成长有比较大的影响。

4.2.4　学校功能发挥不充分

留守儿童相关福利政策的执行需要政府、社会、学校和家庭共同完成，在农村留守儿童福利政策执行中，除了政府以外，学校也是政策落实的关键一环。除了寒暑假，留守儿童在学校待得最久，与老师相处时间最长。留守儿童监护人表示，自己不会教，孩子也不听，只听老师的。留守儿童父母表示自己没办法陪在孩子身边，只能通过老师来了解孩子们的日常状况。但是在学校层面，学校基础设施建设落后，师资力量薄弱，难以落实好对农村留守儿童的关爱工作。基础设施方面，在阳山县留守儿童的寄宿制学校中，只有简陋的宿舍，几乎没有娱乐设施。师资方面，虽然补贴政策吸引了部分年轻老师，但是由于农村地区发展受限，难以留住有能力有水平的老师，影响留守儿童的全面发展。

4.3　政策目标群体分析

4.3.1　留守儿童监护人对政策熟知度低

在与留守监护人的交流中发现，他们对农村留守儿童福利政策的了解程度普遍偏低，有一些甚至没听说过农村留守儿童福利政策。有关政策和措施的信息，主要是通过亲朋好友得知，政策获取渠道有限。除此之外，也有部分监护人并不了解政府以及社会组织开展的相关活动就是对留守儿童福利政策的执行。

4.3.2　儿童积极性受个体性格影响

政府及社会组织在开展关爱农村留守儿童的活动时，主要以群体性活动进行，比如组织群体游戏开展普及生活、安全、卫生知识等的讲座。在这些活动中，每个儿童的参与度与其性格息息相关。性格开朗的留守儿童表现得更加积极，而害羞、内向的留守儿童表现得拘谨，也不是很乐意参与团体游戏。

4.4 政策环境分析

4.4.1 自然环境：交通条件影响信息传递

阳山县地处粤北山区，山地约占全县总面积的90%，盆地及冲积平原约占10%。全县海拔在1 000米以上的山峰有150座。阳山县县城处于中部腹地，而大部分乡镇坐落于山地中，特别是一些偏远地区。这样的地理环境下，县城往返乡镇的班车只到镇，村镇之间的交通工具以摩托车、电动车为主，地理环境复杂以及交通不便限制了村镇农民、县城居民之间的交流。留守儿童主要集中在村庄，较为分散，这对政府人员执行相关福利政策形成一定阻碍。

4.4.2 经济环境：福利经费不足

农村留守儿童的福利问题涉及教育、生活、心理健康等方面。在教育方面，义务教务被纳入了国家公共财政保障范围。农村学校为了保障儿童的安全，也为上学路途较远的儿童提供了宿舍。阳山县政府预算报告显示，2021年，与民生密切相关的教育、社会保障和就业、医疗卫生与计划生育等基本公共服务支出为280 641万元，而用于城乡免费义务教育、农村寄宿制学校生均公用经费、农村义务教育阶段住宿生伙食费、建档立卡义务教育学生生活补助支出7 612万元，占比不到3%。在财政预算中，并未单独列出留守儿童专项资金。民政局工作人员也表示，目前阳山县对于农村留守儿童以精神层面的关爱为主，并无经济和物质上的支持。

4.4.3 社区环境：对儿童未形成良好的成长氛围

农村是留守儿童活动的主要区域，就目前来看，阳山县农村环境治理存在一些问题：第一，部分村落垃圾箱投放欠缺规划性，一到闷热天气，垃圾散发出臭味，影响生态环境，也影响儿童的健康。第二，阳山县农村留守儿童规模大，村落平均教育水平低，难免出现一些不良风气，比如抽烟、打架、喝酒、逃学等。在这样的同龄人环境中，处于成长期和青春期的儿童思想和行为容易出现偏差。

5 广东省阳山县农村留守儿童福利政策执行问题的原因分析

5.1 政策本身因素

5.1.1 政策制定过于宏观

我国在《中国儿童发展纲要（2001—2010年)》和《中国儿童发展纲要（2011—2020年)》中设定了总目标和实施措施，强调了儿童福利事业发展基本原则和发展方向，但尚无针对实际操作的指导性文件。从2010年明确提出将农村留守儿童作为一个单独特殊群体被纳入关爱范畴开始，在后续的相关文件中陆续提及对农村留守儿童的关爱工作。但宏观上，在执行过程中，政策覆盖面不够广的问题，是由于阳山县农村留守儿童福利相关政策和法规的制定在总体上过于宽泛而导致的。我们可以看到，目前有关农村留守儿童的研究和政策较少，大部分内容呈现出纲要性、原则性的特点，缺乏配套的实施细则，而针对农村留守儿童福利保障的具体措施和内容更加不足。

5.1.2　政策监管力度不足

在监督机制方面，政策中尚未明确指明各级执行单位的工作目标。由于缺乏监管机制，就会出现政府人员在政策执行过程中不认真、不负责的情况。比如留守儿童的数量是由学校或者家长上报至村委会，村委会相关人员再上报给县级部门。对这一执行过程缺乏有效监管，导致政府人员对留守儿童的信息存在着漏查情况。

5.2　政策执行主体因素

5.2.1　政策执行者重视程度不高

阳山县各级政府以及相关部门对留守儿童福利政策整体上是严格执行的，但是由于环境、能力、利益等各种复杂的因素，一些部门在执行过程中，存在敷衍执行、变相不执行等情况。

5.2.2　强调利益导向

无论是政府机构，还是社会组织，抑或是学校单位，都存在着对自身利益的追求。各部门的利益交叉重叠，在政策执行过程中难免存在博弈。这种博弈可能会使执行者遵从对自身有利的利益导向，进而在政策执行中出现偏差。政策制定者从改善农村留守儿童福利状况出发，试图解决农村留守儿童问题，维护农村社区稳定。但是在政策执行过程中，执行层面会由于工作繁重，无任何激励等原因，忽视政策的具体落实。

5.2.3　家庭成员监护责任意识不足

要使农村留守儿童得到全面的保障，必须要增强家庭成员对留守儿童的监护责任意识。低龄儿童缺乏安全自救知识、自我保护等意识，其存在生命危险的概率往往比较高，粗心大意的监护人如果一味将养育儿女的责任扔给学校，是一种对家庭、对儿童极其不负责的行为。

5.3　政策目标群体因素

5.3.1　目标群体意识淡薄

农村留守儿童在某种程度上说是弱势群体，他们的心理健康状态相较于其他儿童，是处于劣势的。当留守儿童自己心理状况出现偏差时，许多儿童并不会第一时间寻找老师或者家长进行倾诉，他们不清楚自己有权利去请求相关人员的帮助。

5.3.2　缺少关怀导致性格扭曲

处于成长期的儿童渴望得到他人的关爱，对于人际交流有更多的需求。郭雨奇（2019）的研究发现，父、母亲，兄弟姐妹或其他人的陪伴，仍会对留守儿童生理功能产生负向影响，陪在身边不等同于高质量的陪伴；留守儿童日常与外出务工父母或其中一方沟通越频繁，其情感功能越好。如果监护人以及父母对留守儿童缺乏关怀，会导致他们产生回避、暴躁、孤僻的性格特点，有碍于留守儿童开展正常社交。

5.4　政策环境因素

5.4.1　经济发展水平落后

经济水平制约着阳山县各项政策的实施。经济发展水平落后，导致了财政资金不足、基础设施建设不完善、科技水平落后、教育文化水平低等一系列的问题。无论是人力、物资还是设施建设投入等，都需要消耗一定的资金。开发本地资源，引入投资，提高经济发展水平，对农村留守儿童福利政策执行具有重要的意义。

5.4.2　育儿传统的禁锢

在农村地区，儿童由祖辈照顾，祖辈在思想上比较保守，传统思想根深蒂固，容易出现两极分化，即过度溺爱孩子和过度忽视孩子。前者表现为对孩子的要求无条件接受。后者表现为只负责孩子吃饱穿暖，而不对儿童进行行为、思想等方面的教育，认为这是学校和老师的责任，这样的育儿理念，导致监护人对儿童缺乏关注，影响儿童成长。

6　广东省阳山县农村留守儿童福利政策执行的优化建议

6.1　健全农村留守儿童福利政策的制定

6.1.1　完善学校寄宿方案

在满足留守儿童衣食住行等基本生活需求方面，《国家中长期教育改革和发展规划纲要（2010—2020 年)》规定了要加强寄宿制学校的建设。在具体实施过程中，各省、市特别是县、乡镇可以落实的是为农村留守儿童建立宿舍。阳山县应该根据自身情况，提升留守儿童寄宿条件，根据当地儿童的生活状况，为寄宿儿童提供三餐，保证儿童每日所必需的营养摄入。除了基本生活需求之外，要营造良好的住宿学习以及娱乐氛围，充实书籍和玩具配备等，激发儿童的学习兴趣以及促进其良好性格的养成。安排特定人员定期走访寄宿儿童宿舍，对儿童定时进行学习或心理上的辅导，使儿童快乐成长。

6.1.2 加强财政资金保障

财政资金是影响福利政策能否有效推行的重要因素，许多项目和方案如寄宿制学校建设、儿童生活支持、教师工资等都离不开足够的资金。要将农村留守儿童福利资金列为儿童福利下的单独项，收支分明，将资金落实到位，为中小学生做好后勤保障工作，为家长减轻负担。除此之外，可以制定相关政策，鼓励社会力量投资农村留守儿童福利项目，并提高资金使用效率。

6.2 完善农村留守儿童福利政策执行主体格局

6.2.1 设立和完善农村留守儿童福利机构

为避免在管理过程中出现各部门之间责任推诿、办事人员效率低等问题，完善中国儿童福利保障管理机构建设是有效举措。可从地方政府层面设立专门的儿童福利保障部门，对相关事务如儿童救助工作、福利工作、教育工作等进行统一管理，确保政策在执行过程中层层落实，如有问题出现也能准确追究责任，提高政府的工作效率，避免资源浪费。落实农村留守儿童福利是一项系统工程，在政府、社会、学校、家庭多方协调推进的工作格局中，专门的儿童福利保障部门能更好地对接相关人员，提高服务供给水平。

6.2.2 加大政策引导力度

农村留守儿童的福利政策执行工作需要政府、社会、学校和家庭多方面的参与，而政府作为政策主导者，应该在政策制定中提供指导性意见，使社会、学校和家庭共同加入对农村留守儿童的关爱中去。要引导社会组织积极参与，发挥社会工作的优势；引导学校发挥教育功能，关注儿童的日常状态和心理健康，及时对儿童的异常表现进行排查；引导家庭成员提升对留守儿童的责任意识，多与儿童交流，在孩子犯错时及时评批教育，伤心时给予及时安抚，共同促进其快乐、健康成长。

6.3 构建全方位农村留守儿童福利保障体系

6.3.1 提供多元化农村留守儿童福利

在政策执行过程中，应该有所创新，不再将儿童福利局限于物质、经济、活动等方面。要提供方式多样化、主体多元化的农村留守儿童福利服务，让留守儿童真真切切感受到他们是被关注的，是被关爱的。可以在节假日带领同学们走出校园，参观景点，开展户外活动等；可以在学校设置固定电话，便于在孩子难过或者思念父母时及时与父母联系。

6.3.2 注重儿童心理健康辅导

心理健康影响着人的思想以及行为。对于农村留守儿童要在全社会层面形成关注，引导家长和监护人关注孩子的内心成长与变化，并在学校开展心理知识课堂或开设心理咨询室。

6.4 改善政策环境

6.4.1 社会关爱度的提升

在建设农村留守儿童关爱保护体系时，社会群体的力量不容忽视。政府部门要做好宣传工作，倡导人们对农村留守儿童给予重视，强化社会企业、机构的社会责任意识，促使他们更积极地投入农村留守儿童的关爱工作中去。

6.4.2 儿童成长环境的净化

儿童的性格发展、三观形成、学习成绩等都与其成长环境息息相关，儿童的成长受到家庭、学校、社会等因素的影响。对儿童成长环境的净化，无疑会对农村留守儿童福利政策执行产生积极影响。在和睦友爱的家庭、学风良好的学校、和谐社会中成长的儿童，往往较为开朗、上进。因而，倡导和睦的家庭氛围、加强学校校风建设以及社会文化建设也是农村留守儿童福利政策执行的重要一环。

6.4.3 本地经济水平的提升

高水平的农村留守儿童福利，离不开充足的资金支持，除了国家公共预算财政和社会捐助之外，本地政府应因地制宜大力发展优势产业，促进经济的发展，提高人们的整体生活水平。在地方财政资金充足的条件下，一方面可以有针对性地为农村留守儿童提供福利，提高福利水平；另一方面可以促进本地就业，减少劳动力外出务工的现象，进而减少留守儿童数量。

7 结论

少年强则国家强，每个孩子都应该在阳光下茁壮成长，留守儿童也不例外。生活在农村的留守儿童，缺少父母的陪伴，缺少家人的关爱，就更需要政府、学校、家庭以及其他社会组织的关注，共同陪伴他们健康成长。

本文基于史密斯政策执行过程模型和福利多元主义理论，对阳山县留守儿童基本情况、政府对留守儿童福利政策执行情况等进行分析，得出了以下结论：

阳山县农村留守儿童由于缺乏父母陪伴和家庭关爱，多处于"放养"状态，如果长期缺乏引导，不易于形成良好的性格以及提升社交能力。

阳山县在农村留守儿童福利政策执行中基本实现供给主体多元化，多部门共同推进政策执行。但是也出现了政策覆盖面不广、执行人员能力不足、留守儿童参与度低、福利经费不足等问题，这是由政策制定过于宏观、执行主体受利益导向影响、监护人和父母责任意识薄弱、地区经济发展水平低等原因所导致的。

根据存在的问题，提出有效提高阳山县农村留守儿童福利政策执行效果的建议，包括完善健全农村留守儿童政策的制定，使政策具体化；加大政策引导力度，改善政策环境，提升地区社会关爱度，净化儿童成长环境以及提升地区经济水平等措施。

由于研究水平和研究条件有限，本文只限于对广东省阳山县农村留守儿童政策执行提供参考，并存在一定局限性。农村留守儿童福利政策执行问题并不是一朝一夕能解决的，有待在日后的学习和工作中不断探讨。

———————— 参 考 文 献 ————————

陈家建，边慧敏，邓湘树，2013. 科层结构与政策执行 [J]. 社会学研究，28（6）：1 -20，242.

陈淑华，2008. 解决留守儿童问题的法律对策研究 [J]. 浙江万里学院学报（1）：17 - 20.

陈在余，2009. 中国农村留守儿童营养与健康状况分析 [J]. 中国人口科学（5）：95 -102，112.

陈振明，2003. 公共政策分析 [M]. 北京：中国人民大学出版社.

慈勤英，李芬，2002. 流动人口适龄子女教育弱势地位研究 [J]. 当代青年研究（3）：16 - 20.

段成荣，吕利丹，王宗萍，2014. 城市化背景下农村留守儿童的家庭教育与学校教育 [J]. 北京大学教育评论，12（3）：13 - 29.

高和荣，2018. 底线公平对西方社会保障公平理论的超越 [J]. 社会科学辑刊（5）：63 - 69.

郭馨冉，2020. 福利多元主义视角下我国弱势儿童的福利供给研究 [D]. 南京：南京大学.

郭雨奇，2019. 不同陪伴主体对农村留守儿童生活质量的影响 [D]. 成都：西南财经大学.

何玲玲，翟健峰，2010. 农村留守儿童状况的实证研究 [J]. 中国农学通报（26）：426 - 432.

李鹏辉，2020. 我国社会企业参与农村留守儿童教育福利研究 [D]. 长春：吉林大学.

李雪，2021.14 年，民政如何托底未成年人国家保护 [J]. 中国民政（1）：7 - 8.

刘继同，2007. 中国社会结构转型、家庭结构功能变迁与儿童福利政策议题 [J]. 青少年犯罪问题（6）：9 - 13.

娄利书，2020. 农村寄宿中学生同辈群体人际交往困难影响因素研究 [D]. 南昌：南昌大学.

陆士桢，1997. 简论中国儿童福利 [J]. 华中师范大学学报人文社会科学版（6）：30 - 34

乔东平，廉婷婷，苏林伟，2019. 中国儿童福利政策新发展与新时代政策思考：基于 2010 年以来的政策文献研究 [J]. 社会工作与管理，19 (3)：78 - 88.

邵思齐，张卓，2017. 农村留守儿童的教育福利政策探讨 [J]. 劳动保障世界 (3)： 21，23.

宋前萍，2019. 社会投资视角下中国农村学龄前儿童教育政策问题研究 [D]. 郑州：郑州大学.

孙艳艳，2013. "家庭为本"的留守儿童社会服务政策理念与设计 [J]. 东岳论丛，34 (5)：75 - 79.

孙莹，2002. 儿童福利政策与措施的探讨 [J]. 长沙民政职业技术学院学报 (4)：6 - 10.

覃琮，王雅，2020. 发展中的农村留守儿童社会福利：一个文献综述 [J]. 社会福利 (理论版) (9)：27 - 33.

田旭，黄莹莹，钟力，等，2018. 中国农村留守儿童营养状况分析 [J]. 经济学 (季刊)，17 (1)：247 - 276.

汪龙鑫，2020. 福利多元主义视角下儿童福利服务供给模式研究 [D]. 北京：中国社会科学院.

图书在版编目（CIP）数据

城乡社会保障与减贫治理 / 张开云，徐强，陈然主编. -- 北京：中国农业出版社，2024.9. --（青年视角下新时代基层中国研究丛书）. -- ISBN 978 - 7 - 109 - 32361 - 2

Ⅰ. D632.1

中国国家版本馆 CIP 数据核字第 2024K46B58 号

城乡社会保障与减贫治理

CHENGXIANG SHEHUI BAOZHANG YU JIANPIN ZHILI

中国农业出版社出版

地址：北京市朝阳区麦子店街 18 号楼

邮编：100125

责任编辑：邓琳琳　张　丽

版式设计：王　晨　　责任校对：吴丽婷

印刷：北京中兴印刷有限公司

版次：2024 年 9 月第 1 版

印次：2024 年 9 月北京第 1 次印刷

发行：新华书店北京发行所

开本：700mm×1000mm　1/16

印张：12.25

字数：234 千字

定价：79.00 元